Das Gebet des Ungläubigen

Für Andrea und Jonas

Walter Birklbauer

Das Gebet des Ungläubigen

Gott & Welt

Der Autor: Walter Birklbauer, geboren 1962, war in den ersten zwanzig Lebensjahren aktives Mitglied einer weltweiten religiösen Gemeinschaft.

Heute ist er Soziologe und beschäftigt sich mit wissenschaftlichen Arbeiten im Bereich der individuellen, gesellschaftlichen und sozialen Selbstorganisation mit Schwerpunkt nichtlineare, dynamische Systeme.

© 2008 Walter Birklbauer
1. Auflage

Herstellung und Verlag:
Books on Demand GmbH, Norderstedt

Satz und Layout: Walter Birklbauer
Cover: Philipp Pamminger
Korrektur: Wolfgang Leichtenmüller

ISBN: 978-3-8370-1051-0

Inhalt

*Die Welt wurde von einem Wissenschaftler
erschaffen, der sich Gott nennt.*

Jonas Eckmann, 8 Jahre

Einleitung

Ich hatte Glück. Hätte das, was sich von meiner Seite her als Zufall ausmacht, ein wenig mehr an den Rädchen gedreht, hätte ich mich möglicherweise in den Koranschulen Pakistans wiedergefunden oder in einem Land, in dem weibliche Genitalbeschneidung plausibel argumentiert werden musste. Ich wurde nur in eine „harmlose" Glaubensgemeinschaft, die sich regelmäßig miteinander traf, hineingeboren. Es gäbe dabei vieles zu erzählen, schöne Geschichten, empörende Geschichten, unglaubliche Geschichten. Doch genau das soll dieses Buch nicht werden, nämlich eine Autobiografie.

Es ist über zwanzig Jahre her, dass ich das Wort Gottes aus der Hand gelegt habe. Eigentlich hatte ich auch vor, dies dabei zu belassen. Keine Angst, ich werde auch jetzt nicht mit Bibelzitaten um mich werfen. Aber ich werde das Wort ergreifen. Auch wenn ich schon lange keiner religiösen Gemeinschaft mehr angehöre, meine ich dennoch die Dynamik und die Methode wiederzuerkennen, welche sich hinter manchen Äußerungen führender religiöser Meinungsträger verbirgt.

Darüber hinaus gibt die derzeit stattfindende Entwicklung innerhalb der Weltreligionen einigen

Anlass zur Beunruhigung. Ein gläubiger Mensch? Kein Problem. Ein gläubiger Mensch mit radikalen Ansichten? Ein potentielles Problem. Ein gläubiger Mensch, mit radikalen Absichten? Ein reales Problem.

Dazu kommt eine stärker werdende Polarisierung zwischen Theisten und Atheisten. Obwohl Papst Benedikt XVI. beteuert, dass sich Evolution und Schöpfung einander nicht widersprechen, driften diese beiden Gruppen in einer immer stärker werdenden Gangart auseinander. Einerseits bezeichnen radikale atheistische Autoren religiöse Menschen als wahnsinnig (siehe „Der Gotteswahn" von R. Dawkins), während es andererseits vor allem von amerikanischen Kreationisten massive Bestrebungen gibt, die Schöpfungslehre als Faktum in den Schulplan einzuführen. Besonders abenteuerlustige Vertreter des „Intelligent Design" organisieren Raftingfahrten, in denen die Evolutionstheorie vor Ort „widerlegt" werden soll.

Bevor ich mich ins Gefecht der Worte stürze, möchte ich noch einige Definitionen einführen. Ich verwende den Begriff „Gott" oder „Religion" als Variable. Darunter fasse ich jede Form von Gottheit, Gottheiten oder als heilig Verehrtes auf, welche als transzendentes Wesen in einer religiösen Gesinnung eine Rolle spielen kann. Unter Religion verstehe ich jede Form von Sinngebungssystem, vom Ahnenkult der Madagassen, von der Seelenreise der Eckankar, von Stammesreligionen, Sekten und Weltreligionen.

Nach einer kurzen Einführung über die Grundzüge weltanschaulicher Zugangsformen werden die Begriffe Moral und Allmacht näher beleuchtet. Gefolgt vom Kernthema, ob Gott existiert, wird der Frage nachgegangen, wie Gott in unser Gehirn kommt. Den Abschluss bilden Vorschläge über akzeptable Positionen innerhalb von Situationen mit unvollkommener Informationslage, ohne die Vorteile, welche sich aus einer religiösen Gesinnung ergeben können, zu ignorieren.

Der Tod vor dem Leben

Der Mensch: 46 Chromosomen, 25.000 Gene, 700 MB Information. 10 Milliarden Nervenzellen. 6,6 Milliarden Menschen, täglich 368.000 Geburten und 140.000 Todesfälle. 268 Länder und Regionen. Annähernd 5.000 Ethnien in 220 Kulturkreisen. 6.500 Sprachen, 430 Millionenstädte und 3.000 Universitäten. 1.396 Mill. TV-Geräte und 2.168 Mill. Mobiltelefone, 1.018 Mill. Internet-Benutzer, täglich werden 2,8 Milliarden SMS geschrieben. 25.000 Menschen sterben täglich an Hunger oder den damit verbundenen Folgen. 35 Menschen sterben stündlich an direkten Kriegsfolgen. Alle 3 Sekunden stirbt ein Kind als Folge von Armut. Das Welt-Brutto-Sozialprodukt beträgt 65 Trillionen Dollar. Während die Wirtschafts- und Entwicklungshilfe 154 Milliarden Dollar ausmacht, werden für Militärausgaben 1.200.000 Milliarden Dollar ausgegeben. Weltweit gibt es etwa 1.313 Mill. Muslime und 1.118 Mill. Katholiken. Darüber hinaus 1.103 Mill. Orthodoxe und Protestanten. 870 Mill. Hindus und 378 Mill. Buddhisten. Zur traditionellen chinesischen Religion bekennen sich 404 Mill. Gläubige. 400 Mill. Ethnoreligionen ua., 920 Mill. Atheisten oder Nicht-Religiöse. Es „existieren" 2.850 Gottheiten[1].

Der Inhalt dieses Textes trägt zur Antwort einer der vier berühmten Fragen von Immanuel Kant bei, nämlich was der Mensch sei. Was er tun soll, das beantworte die Moral und was er hoffen soll, die Religion. Die erste Frage aber – welche Kant

---

1   Vgl. Fahrenberg 2007, S. 5.

durch die Metaphysik beantwortet sah – lautete: „Was kann ich wissen?"[2]

Ich möchte diese Frage am Zeitpfeil des Lebens anknüpfen. Stellen wir uns eine Zeitlinie vor, welche den Zeitraum vor unserem jetzigen Leben, den Zeitraum während unseres Lebens und den Zeitraum nach unserem Leben umfasst.

Wenn wir auch wenig wissen, wir wissen, dass wir sind. Wir wissen auch, dass wir sterben werden, aber wir wissen nicht wirklich, wie es dann weitergeht. Wir wissen aber auch nicht, was vor unserem Leben war. Selten bedauern wir, dass es kein Leben vor dem Tode gab.

Unser Bedauern, Glauben oder Hoffen richtet sich vor allem auf das Leben nach dem Tode. Viele Menschen meinen nun zu wissen, dass unser „Sein" ein One-Timer ist, bei dem unsere Atome im Pool der Möglichkeiten lediglich eine andere Form der Wiederverwendung finden werden.

Oder sie meinen zu wissen, dass unser Körper, Geist oder Bewusstsein in irgendeiner Form wiederkehrt, sei es in einem Paradies, im Himmel oder einer Hölle. Aber was ist es, was wir nachvollziehen können? Welche Möglichkeiten gibt es überhaupt,

---

2 Vgl. Kant 1800, S. 25, zit. nach Fahrenberg 2007, S. 6.

neutral betrachtet? Eigentlich reduzieren sich die Ansatzpunkte auf zwei Betrachtungsweisen: entweder das Leben als ein „Sein im Nichtsein" oder das Leben als ein wiederholbares oder kontinuierliches Sein in körperlicher und/oder geistiger Form anzusehen. Für Macbeth in der gleichnamigen Tragödie von Shakespeare war die Sache anscheinend klar:

> *„Aus! Kleines Licht! – Leben ist nur ein*
> *wandelnd Schattenbild; ein armer Komödi-*
> *ant, der spreizt und knirscht sein Stündchen*
> *auf der Bühn' und dann nicht mehr..."*[3]

Atheisten gehen gewöhnlich von der Einmaligkeit der Existenz aus, von der Unwiederholbarkeit der Chance, mit diesem Körper und diesem Bewusstsein auf der Bühne des Daseins eine Rolle zu spielen. Theisten hingegen finden das bedauerlich und proklamieren ihrerseits Mehrfachauftritte und eventuell verschiedene Rollenverteilungen. Ob jemand nochmals auftreten darf, ist bei aller „göttlichen Gnade" doch an gewisse Konditionen geknüpft. Daraus leiten sich jedoch Regeln, Gesetze und Moralvorstellungen ab, die es

---

3 Fünfter Akt, erste Szene, übersetzt von Dorothea Tieck, Internet: http://www.william-shakespeare.de/macbeth/ macbeth_5akt.htm.

in einem anderen Wahrheitssystem so nicht gäbe. Unter der Voraussetzung, dass diese Konditionen eingehalten werden, steht ausgewählten Menschen eine Belohnung der Art bereit, wie sie in Offenbarung 21:4 beschrieben wird:

> *„Und er wird jede Träne von ihren Augen abwischen, und der Tod wird nicht mehr sein, noch Trauer noch Geschrei noch Schmerz wird mehr sein; denn das Erste ist vergangen."* [4]

Atheisten sind gezwungen, einer solchen hoffnungsgebenden Botschaft zu entsagen und der Tatsache ins Auge zu blicken, dass mit dem Tode alles vorbei ist. Sie sind bestrebt, möglichst alle körperlich-mentalen Ressourcen auszuschöpfen, um in dieser Hinsicht stark und selbstbewusst zu werden. Wenn das Leben einmalig ist, so könnte man es auch als einmaligen Urlaub vom Nichtvorhandensein ansehen.

Auch ein Urlaub kann unschön ausfallen, man von Krankheit, Verlust und schlechtem Wetter geplagt sein, aber es bleibt immer noch ein Urlaub. Theisten dagegen sind von ihren religiösen Lehren oft angehalten, die Qualität des „Jetzt" zugunsten

---

4 Rev. Elberfelder Fassung.

einer in Aussicht gestellten Qualität der Zukunft zu vernachlässigen. Das wird natürlich niemand zugeben wollen, weil es sehr viele authentische Gläubige gibt, die nicht nur deshalb nett sind zum göttlichen Erblasser, weil er reich an Macht ist, sondern weil sie ihn tatsächlich mögen. Aber der angenehme Nebeneffekt ist das wie immer in Aussicht gestellte Paradies. Bei den gängigen Hypothesen um die Entstehung der Welt spielt es eine zentrale Rolle, ob das Leben als reversibler oder irreversibler Prozess angesehen wird. Dabei lassen sich drei Hauptrichtungen zusammenfassen:

Die **Schöpfungslehre** geht von einer überirdischen Intelligenz aus, welche die Erde aus dem Nichts in sechs Tagen geschaffen hat. Bestimmte theistische Strömungen nehmen die in der Genesis beschriebene Erschaffung wörtlich und datieren das Alter der Erde mit ziemlich genau 6000 Jahren.

Der **Evolutionstheorie** zufolge ist die Erde etwa 4,5 Milliarden Jahre alt, wobei die Lebewesen im Laufe von Jahrmillionen aus unbelebter Materie entstanden. Hier sind gewöhnlich die Atheisten angesiedelt. Aus der Entbehrlichkeit eines Gottes leiten sich weltanschauliche Grundtypen wie Naturalismus, Moderne, Existentialismus, Nihilismus oder Hedonismus als egozentrische Variante des Naturalismus ab. Anhänger der **Theistischen Evolution** vertreten die relativ junge Position, dass Gott den Mechanismus der Evolution in Gang gesetzt hat: Gott schuf durch Evolution.

Eng an die Schöpfungslehre geknüpft ist nicht nur die Überzeugung, dass Gott existiert, sondern auch gleichzeitig, in welcher Form er auftritt. In dieser Form wird der Gedanke vermittelt, dass das Leben unter bestimmten Bedingungen wiederholbar ist, sei es materiell oder immateriell.

Der Begriff Theismus vereinigt jene Formen von religiösen Glaubenssystemen, welche *ein* (Monotheismus) persönliches, überweltliches Wesen oder *mehrere* (Polytheismus) überweltliche Wesen als Gestalter und Erhalter der Welt ansehen. Der Deismus dagegen akzeptiert zwar eine schöpferische Instanz, geht jedoch davon aus, dass sich diese nach vollendetem Werk aus dem aktuellen Geschehen völlig zurückgezogen hat.

Epikur etwa neigte zum maßvollen Atheismus mit einem Schuss Deismus, indem er davon ausging, dass es Götter gegeben haben mag, welche aber nicht mehr eingreifen. Für die Aufklärer des 18. Jahrhunderts wie Voltaire, Thomas Paine oder Diderot war Gott ein Physiker, der den Urknall gezündet und sich dann zur Ruhe gesetzt hat[5]. Dem von Baruch Spinoza beeinflussten Johann Wolfgang von Goethe wird ein Naheverhältnis zum Pantheismus nachgesagt, indem er Gott überall in der Natur, in der Weltseele zu sehen pflegte. Die Formulierung eines pantheistischen Allgefühls spiegelt sich in Werken wie „Dichtung und Wahrheit" oder „Wilhelm Meister" wider[6]. In seinem Brief an den deutschen Philosophen Friedrich Heinrich Jacobi schrieb er am 4. Januar 1813:

> „...als Dichter und Künstler bin ich Polytheist, Pantheist hingegen als Naturforscher, und eins so entschieden wie das andere."[7]

Im Gegensatz zum Pantheismus geht der Theismus von einer substantiellen Getrenntheit von Schöpfer und Geschaffenem aus. Typisch monotheistische Religionen sind die sogenannten abrahamitischen Religionen mit dem Christentum, Islam und dem Judentum. Die meisten Religionen des griechisch-römischen Altertums beispielsweise waren polytheistisch orientiert. Der Hinduismus wird entgegen vielfältiger Meinung nicht zum Polytheismus gerechnet, sondern zum

---

5 Vgl. Lütz 2007, S. 47, 55.
6 Vgl. Ahadji 2000, S. 3.
7 Vgl. Höfler et al. 1992, S. 800.

Henotheismus, weil es dort zwar viele Götter gibt, jedoch immer nur ein einziger als höchster Gott verehrt wird. Von den meisten Anhängern der drei Weltreligionen wird der sogenannte monistische Monotheismus vertreten, nach dem Gott als ausschließlich „gut" angesehen wird. Der dualistische Monotheismus, nach dem Gott sowohl gut als auch schlecht sein kann, findet dagegen kaum noch Anklang[8].

In den folgenden Kapiteln werden wir eine Reihe von Themen anschneiden, die im Zusammenhang mit Religion eine zentrale Bedeutung einnehmen. Bevor ich den Anspruch der Christenheit aufgreife, Hüter und Vermittler einer höheren Moral oder Ethik zu sein, werde ich auf den Umstand eingehen, dass die Frage nach dem „Kleingedruckten" in den Angelegenheiten Gottes immer noch gerne tabuisiert wird.

Dürfen wir?

In der Religionsgemeinschaft, in der ich aufwuchs, war „freie Meinungsäußerung" durchaus erwünscht. Man musste nur genau wissen, was man nicht durfte: nämlich „Tabu-Themen"

---

8 Vgl. Streminger 1992, S. 6.

anschneiden, wie etwa die geistige Führung oder
die Glaubenslehre etwas kritischer beleuchten.
Die Muster, die dann verwendet wurden, um solche Bestrebungen frühzeitig abzuwenden, glichen
exakt den Mustern, welche offizielle religiöse Füh-
rungseliten dazu verwenden, um den Nabel ihrer
Existenz abzusichern, nämlich Gott in irgendeiner
Weise hinterfragen zu dürfen.

Der Kern dieser Muster setzt bei körperlichem
oder psychologischem Druck an und hat lediglich zum Ziel, eine — idealerweise selbstkorrek-
tive — emotionale Barriere aufzubauen, welche
dem dreisten Frager — noch eher er die Frage zu
Ende zu denken wagt — dazu nötigt, in seiner Zelle
zur Geißel zu greifen oder in sonstiger Weise in
schlechtem Gewissen zu gären. Der Kybernetiker
Heinz von Foerster beschrieb seinen Lernprozess,
ab einem gewissen Punkt nicht mehr weiterfragen
zu dürfen, auf dem Klappentext seines Buches
„Der Anfang von Himmel und Erde hat keinen
Namen" auszugsweise wie folgt:

> *Als ich ein kleiner Bub war, hielten wir
> uns im Sommer oft im Salzkammergut auf.
> Eines Nachmittags kündigte sich ein Gewit-
> ter an, die Schwalben flogen ganz niedrig,
> und meine Eltern riefen mir zu: „Schau,*

*es kommt schlechtes Wetter, die Schwalben
fliegen so niedrig.* " Ich fragte zurück: „Ja,
warum fliegen die Schwalben so niedrig,
wenn schlechtes Wetter kommt?" Und darauf meine Eltern: „Wegen der Mücken, der
Fliegen, der Insekten und der Gelsen, die
alle so niedrig fliegen, wenn schlechtes Wetter kommt. " Da fragte ich fürwitzig weiter:
„Aber warum fliegen die Mücken und die
Insekten so niedrig, wenn schlechtes Wetter
kommt?" - Patsch, und ich erhielt eine Ohr-
feige. Na, da wußte ich, das scheint eine sehr
fundamentale Frage zu sein.*

An der Methode, unliebsame Antworten vor
unliebsamen Fragen zu schützen, hat sich im
Prinzip nichts geändert. Im Gegenteil. Nach dem
Kölner Theologen und Mediziner Manfred Lütz
kann man sich über Gott nicht informieren wie
über die Wirkungsweise einer Waschmaschine.
Gott sei nicht das Rätsel einer Quiz-Show, das es
zu lösen gilt. Gott beweisen zu wollen, sei deshalb
im höchsten Maße respektlos[9].

Dürfen oder Müssen?

Ich möchte hierzu ein Beispiel bringen. Angenommen, es würden täglich hunderte Menschen

---

9 Vgl. Lütz 2007, S. 188.

über eine Hängebrücke einen Wildfluss überqueren. Und angenommen, es kommt immer wieder zu Todesfällen, die möglicherweise mit der Bauweise der Brücke in Zusammenhang stehen. Wie berechtigt können persönliche Animositäten des Erbauers der Brücke sein, wenn die Menschen mit einem gewissen Misstrauen die Brücke betreten? Und wie berechtigt können demzufolge persönliche Befindlichkeiten seiner Stellvertreter sein?

Lütz verwendet weiters das Beispiel eines Fallschirmspringers, dem ein von einer anderen Person als ihm selbst gepackter Fallschirm übergeben wurde. Und selbstverständlich wird dieser Fallschirmspringer den Schirm überprüfen, bevor er sich ihm mit Haut und Haaren anvertraut. „Alles andere wäre fahrlässig", sagt Lütz selbst.

Was verliert jedoch der Packer eines Fallschirms, wenn der Springer diesen hinterfragen möchte, was aber verliert möglicherweise der Fallschirmspringer? Einen nicht selbst gepackten Fallschirm muss man hinterfragen dürfen, selbst dann, wenn ihn der Papst höchstpersönlich zusammengelegt hat. Das ist keine Frage des „Dürfens", sondern des „Müssens".

Papst Gregor XIII. ließ sich sehr genau beweisen, warum er den „Gregorianischen Kalender" einführen sollte. Um den Sonnenstand wissenschaftlich genau beobachten zu können, ließ er auf dem Westflügel des Belvederehofes einen Beobachtungsturm anbauen. Davon zeugt der Turm der Winde, in dem noch heute das Loch in der Wand zu sehen ist, an dem Papst Gregor die Kalenderabweichung genau erkennen konnte[10]. Für die Frage nach Gott ließ er denselben Anspruch an Genauigkeit anscheinend keineswegs walten.

Andererseits verlangte Kardinal Robert Bellarmin von Galileo Galilei, seine Ansichten nicht als unverrückbare Wahrheiten zu vertreten, sondern als Hypothesen[11]. Erdreistet sich der Mensch nun, dies von der Kirche selbst ebenfalls zu verlangen, ist man schnell in einem nicht ganz ungefährlichen Terrain angelangt. Noch heute gilt dieses Gebiet als Tabuzone, wobei die Gesellschaft selbstregulierend und selbstkorrektiv wirkt, wenn dieses Thema zur Sprache kommt.

Mit Argumenten wie „man vermag Gott nicht mit unserem fehlbaren irdischen Geist fassen" wird versucht, dieses Territorium gegen unliebsame Fragen abzusichern. Es wird im schlimmsten

---

10 Vgl. Lütz 2007, S. 114.
11 Ebd., S. 119.

Fall als Blasphemie vermittelt, den Gastgeber des Lebens zu hinterfragen zu versuchen, etwas von ihm und seinen Werken außerhalb erlaubter Fragestellungen wissen zu wollen. So, als würde ein Gott es notwendig haben, beleidigt zu sein, wenn sich jemand für den Backstage-Bereich interessiert.

Doch genauso wie es uns stutzig machen sollte, wenn ein Versicherungsvertreter kurz vor Vertragsabschluss das Kleingedruckte überblättert, so sollte es uns stutzig machen, wenn jemand versucht, wichtige hypothetische Fragen abzublocken. Keinesfalls sollte man sich den Verstand ausreden lassen, denn er ist das einzige Instrument der Analyse, dessen wir habhaft sind. Er mag durchaus nicht ausreichen, um die volle Entfaltung universeller Wahrheiten würdig zu begreifen, aber es ist uns gegeben, uns in einem Milieu mit unvollständiger Information schrittweise heranzutasten und ein Verhalten zu setzen, welches diesem Milieu auch gerecht wird.

Ist der Kaiser nackt?

Was mich immer wieder bewegt, ist die Beobachtung, dass die in diesem Themenbereich verwendeten Argumente oftmals in den Rang eines Axioms erhoben werden. Je größer das Tabu, desto mehr werden die Kernfragen in einen regelrechten Kokon des Wissens eingesponnen. Dazu werden sie garniert mit emotional besetzter Fachdünkelei, um den Respekt soweit zu sichern, dass Fragende jederzeit diffamiert werden können. Man darf nicht fragen: könnte es sein, dass der Kaiser nackt ist? Hingegen darf man sehr wohl mittels anregender Diskussionen über die stoffliche Qualität des Rockes eine intensive fachliche Kompetenz unter Beweis stellen, welche eine Art Eintrittskarte in den erlauchten Kreis der Wissenden darstellt. Aber die Gretchenfrage selbst ist tabu.

In einem sachlichen Meinungsaustausch etwa wird dadurch, dass die Kernfragen vorsorglich mit allerlei Wissensnebel umgarnt sind, kostbare Zeit vergeben. Gerne wird mit voller Absicht, aber stets Weisheit suggerierender Argumentation am Kern der Sache vorbei diskutiert. Man schult sich darin, aus fragwürdigen Voraussetzungen die richtigen Schlüsse zu ziehen. Damit wird es dem Gegenüber erschwert, auf Linie zu bleiben.

Die „natürliche" Redezeit innerhalb einer Debatte ist aber nach einer gewissen Zeitspanne erschöpft. Wenn es bis dorthin nicht gelingen konnte, seine eigenen Argumente klar und deutlich zu platzieren, dann steigt die Wahrscheinlichkeit, dass der Zuhörer das Interesse verliert, und nach endlosen Diskussionen gewinnt dann derjenige, welcher das Publikum emotionalisieren konnte.

„Wissen" verlangte den Menschen immer schon Respekt ab. So gibt es zum Beispiel in einer Fahrschule Anwärter, welche jedes Verkehrszeichen auswendig kennen, aber kein Gefühl für das Autofahren haben. Dann gibt es Anwärter, die kennen die Verkehrszeichen so recht als schlecht, können aber sehr gut fahren. Die ideale Mischung aus beidem ist selten. Bei emotionalisierten Fragen des Glaubens genügt aber meist schon Ersteres, um Gesprächspartner verstummen zu lassen.

Die modernen theologischen Eliteschmieden jedoch sind mit allen Wassern gewaschen. Besonders raffinierte Kaliber dieser Ausbildung verstehen es perfekt, zwischen scheinbarer Aufklärung bei gleichzeitiger Taktik der Vernebelung das Eigentliche zu verklären und die Zuhörer auf Pfade zu verführen, die sich weit abseits der ursprünglichen Fragestellung befinden. Dabei wird eine jahrhundertelang erprobte Mischung aus Sand und Ehrfurcht gestreut, um in dieser Atmosphäre emotionaler Erregtheit das Eisen letztlich in die gewünschte Form zu bringen.

Der Anteil der sich zum Theismus bekennenden Autoren, welche den schwarzen Gürtel im „Ninja-Spiel der Theologie" tragen, schätze ich auf knapp hundert Prozent. Diese Kirchen-Ninjas sind Samurai des Dialogs, geschickte Virtuosen im Umgang mit einer messerscharfen Rhetorik. Am Ende des Tages besitzt der Eskimo eine Kühl- und Gefrierkombination und der Gläubige findet es gut, wenn er leiden *darf.*

Wollen wir?

Als Papst Benedikt XVI. anlässlich der traditionellen Mitternachtsmesse am Heiligen Abend des Jahres 2007 den Missbrauch der Erde durch den Menschen geißelte, kritisierte er damit auch den wachsenden Egoismus auf der Welt. Doch ist die Menschheit wirklich so böse und egoistisch, wie immer wieder behauptet wird? Ist die Standard-Werkseinstellung nur z.B. bei christlichen Anhängern auf Nächstenliebe eingestellt?

Egoismus

Der Begriff Egoismus wird laut Brockhaus definiert als Eigenliebe, Ich-Liebe, die Gesamtheit der Antriebe und Strebungen, die von der eigenen Person ausgehen und diese in den Mittelpunkt stellen. Demgemäß dient der Egoismus der Erkenntnis und Realisierung eigener Persönlichkeitswerte und beruht auf dem biologischen Prinzip der Selbsterhaltung. In dieser Definition wird der Egoismus dann ethisch verwerflich, wenn er sich zum selbstsüchtigen Geltungs- und Machtstreben wandelt[12].

Seit Thomas Hobbes wurde das Bild des Menschen als rein rational auf den Eigennutz bedachtes Wesen als zentrales wissenschaftliches Menschenbild gepflegt. Es wurde von Adam Smith und den Utilitaristen ausgereift und hat auch Charles Darwin in seinen Arbeiten maßgeblich beeinflusst[13].

Bis zum heutigen Zeitpunkt hatte das Bild des zum Wohle der Gesamtheit eigennutzmaximierenden Individuums in vielen wissenschaftlichen Paradigmen von der Evolutionsbiologie über neoklassische Wirtschafts- und Entscheidungstheorien, sowie motivationalen Theorien der Wirtschafts- und Sozialpsychologie den Status eines Axioms erreicht[14]. Erst in den letzten Jahren wird klarer, dass das Individuum sehr wohl scheinbar irrationale Verhaltenspräferenzen setzen kann, die

---

12 Brockhaus 2002.
13 Vgl. Sears & Funk 1991, S 77.
14 Vgl. Strack 2004, S. 86.

weitab vom materiellen Eigennutz anzusiedeln sind. Dieses Feld ist ein rasch wachsendes Gebiet der experimentellen Wirtschaftsforschung, welches mittels der Spieltheorie und dem „Ultimatum-Spiel" immer mehr von diesem Axiom abweichende Befunde herausfiltern.

Die Ergebnisse kommen zu dem Schluss, dass wir in sozialen Interaktionen nicht rein eigennützig handeln, sondern grundsätzlich faire Interaktionen wünschen[15]. Der Schweizer Wirtschaftsforscher Ernst Fehr warnt in einem Interview davor, den Menschen mehr Egoismus zu unterstellen, als sie haben. Das Retortenwesen „homo oeconomicus" hat sich als unhaltbar erwiesen.

Gerade im Alltag erleben wir eine selbstorganisierte, weitgehend ausgeglichene Bilanz des Teilens und Nehmens. In allen menschlichen Kulturen werden Werten wie Fairness und Vertrauen eine hohe emotionale Relevanz beigemessen. Wie eine große Studie an 15 Naturvölkern zeigt, hängt zwar die Intensität der Werte stark von der Kultur ab, aber generell lieben die Menschen kooperative Handlungen und neigen dazu, unkooperative zu bestrafen, auch dann, wenn es für sie selbst mit

---

15 Vgl. Sigmund et al. 2002, S. 53 f.

Nutzenverlusten verbunden ist[16]. Jedoch bricht diese kooperative Basis oft gänzlich zusammen, weil diese Konstellation vom Mischungsverhältnis der in den sozialen Systemen eigennützig oder fair agierenden Individuen abhängig ist.

So genügen nur ein paar eigennützig handelnde Akteure, um die fairen Individuen mit Zunahme der Interaktionen dazu zu bewegen, ihr kooperatives Verhalten einzustellen, bis schließlich niemand mehr kooperiert[17]. Darüber hinaus kann gerade die Vorannahme, wir wären alle vollkommene Egoisten, einen Mechanismus der selbsterfüllenden Prophezeiung einleiten.

Deutlich wird dies am Modell der sozialen Konstruktion des Egoismus von Miller & Ratner durch den Pluralistic Ignorance Effekt (Irrtum der Mehrheit über die Mehrheit). Durch die Annahme, die anderen wären in ihren Einstellungen und Handlungen egoistisch motiviert, wird von anderen vermutet, diese würden dasselbe auch von mir denken. Wenn eine Person sich aber nun doch uneigennützig für etwas engagieren möchte, fällt sie sofort durch ihr „abweichendes Verhalten" in

---

16 Vgl. Sigmund et al. 2002, S. 56.
17 Vgl. Fehr 2005.

ihrem Handlungsumfeld auf. Deshalb ist es wahrscheinlich, dass altruistisches Verhalten unterbleibt. In der weiteren Folge wird der Glaube an den als sozial geteilt angenommenen Verhaltenskodex stabilisiert und verstärkt[18].

Innerhalb einer solchen Dynamik sehe ich eine gute Chance, dass religiöse Werte diesen Kreislauf unterbrechen können. Ansonsten lassen die Untersuchungen den Exklusivanspruch der religiösen Gemeinschaften an Altruismus und gesellschaftlicher Moral als eher fragwürdig erscheinen.

Ethisches Dilemma

Auch in Fragen einer universellen Ethik gibt es internationale Übereinstimmungen. Der Psychologe Marc Hauser hat ein markantes Beispiel einer ethischen Zwickmühle entworfen. Das Grundmodell beschreibt eine Eisenbahnstrecke, auf der ein herrenloser Waggon auf fünf Personen zurast.

Eine Person steht zufällig an der Weiche, welches dieses Unglück verhindern kann. Die Weiche würde aber den Waggon auf ein Nebengleis umleiten, auf der ebenfalls ein Mensch steht. Die Befragten wurden nun vor das ethische Dilemma gestellt, ob durch das Betätigen der Weiche nun

---

18 Vgl. Strack 2004, S. 86, 123, vgl. Miller & Ratner 1998.

die eine Person auf dem Nebengleis dem Tode geweiht werden soll, um die fünf Personen zu retten. Die meisten Befragten befanden es für ethisch zulässig, durch die Tötung des einen Menschen fünf weitere Personen zu retten, also durch die Zulassung eines kleineren Übels ein größeres Übel zu verhindern[19].

Nun wurde das Beispiel ausgebaut. Wenn ein Waggon dadurch angehalten werden kann, dass man einen schweren Gegenstand von einer Brücke auf die Schienen fallen lässt, dann ist die Antwort im Falle eines Steines klar: natürlich wäre dies eine Lösung. Wäre aber der einzig zur Verfügung stehende Gegenstand ein schwerer Mann, der zufällig auf der Brücke den Sonnenuntergang genießt, dann sind fast alle der Befragten der Meinung, dass es ethisch unzulässig wäre, den Mann von der Brücke zu werfen, obwohl dies im Grunde eine ähnliche Situation wie das Nebengleis ist.

Ohne es erklären zu können, empfinden die meisten Menschen intuitiv einen entscheidenden Unterschied zwischen diesen beiden Situationen. In einem weiterführenden anthropologischen Experiment passten sie diese ethische Fragestel-

---

19 Vgl. Dawkins 2007, S. 310 f.

lung an die lokalen Entsprechungen der Kuna, einem kleinen mittelamerikanischen Stamm an. Die Kuna verfügen weder über eine institutionalisierte Religion noch haben sie häufigen Kontakt zu den Industriestaaten. Aus dem Eisenbahnwaggon wurden Krokodile, die sich einem Kanu näherten. Im Wesentlichen kamen die Kuna intuitiv zu denselben ethischen Urteilen wie die übrigen Befragten. Interessant ist, dass die meisten Menschen

> *„angesichts ethischer Zwickmühlen zu den gleichen Entscheidungen gelangen, wobei ihre Einigkeit über die Entscheidungen selbst weit stärker ist als ihre Fähigkeit, die Gründe dafür zu benennen."*[20]

Als Ursache sieht Hauser eine durch Evolution entwickelte ethische Grammatik, die ebenso wie die Regeln der Sprache unter dem Radar unseres Bewusstseins hindurchfliegen.

Ethik und Moral scheinen sich also nicht zwangsläufig allein auf das Wirken der Religionen zurückführen zu lassen, sondern auf davon unabhängige Mechanismen, welche sich aus dem Zusammenspiel von Gruppenstabilität und Individualinteressen heraus entwickelten[21].

---

20 Dawkins 2007, S. 309.
21 Vgl. Wuketits 1997, zitiert nach Pfahl-Traughber 2006, S. 7.

Nächstenliebe

Nach dem Hirnforscher Manfred Spitzer zeigen sich in einer ganzen Reihe von Studien zwischen Religiosität, Nächstenhilfe und prosozialem Verhalten keine Zusammenhänge. Eine retrospektive Studie konnte keine Unterschiede in der Religiosität bzw. Nichtreligiosität bei Menschen feststellen, die ihr Leben dafür riskierten, Juden vor den Nationalsozialisten zu retten. Nichtreligiöse erweisen sich demnach oft genauso als gute Samariter wie religiöse Menschen[22].

Im Gegenteil, die Sachlage dreht sich um. Spitzer drückt dies wie folgt aus:

> *„Noch vor 20 Jahren galt der Atheist als verdächtig; was war mit diesem ‚gottlosen‘ Menschen? Konnte man ihm trauen? Heute kehrt sich die Beweislast um: Dieser Mensch ist religiös – könnte er deswegen gefährlich sein?"*[23]

Wenn eine Religion vorschreibt, den Gast zu ehren, dann wird man gehegt und gepflegt. Was aber, wenn versehentlich das Heiligste berührt wird, worauf die Todesstrafe steht? Was aber, wenn

---

22 Vgl. Spitzer 2007, S. 3 f.
23 Ebd., S. 8.

ein verbotenes Bild gezeichnet wird? Wird man dann gesteinigt, gemobbt, gebombt? Die Frage macht Sinn, was denn wäre, wenn die Religion das Gegenteil der Nächstenliebe lehrte? Ist es so, dass man Glück hat, wenn die religiösen Glaubenssätze vorschreiben, den Gast zu ehren? Was aber würden dieselben freundlichen Menschen tun, wenn das Gesetz das Gegenteil dessen lehrte?

Hier kann die von Dawkins zitierte Aussage des Physik-Nobelpreisträgers Steven Weinberg Anwendung finden, wonach es gute Menschen gibt, die gute Dinge tun und böse Menschen, die böse Dinge tun, es aber die Religion braucht, damit gute Menschen böse Dinge tun[24]. Insgesamt ist jedoch festzuhalten, dass viele Religionen bestrebt sind, positive zwischenmenschliche Interaktionen zu fördern, sie können nur keinen Monopolanspruch daraus ableiten. Es ist unzweifelhaft so, dass sie Familie dort machen, wo normalerweise keine Familie ist.

Ralph Burhoe findet dafür eine naturwissenschaftliche Erklärung. Er sagt, dass Altruismus gegenüber Individuen, die keine gemeinsamen Gene besitzen, also keine engen Verwandten sind,

---

24 Vgl. Dawkins 2007, S. 345.

nicht durch genetische Selektion erklärt werden kann. Jene Institution, welche bestrebt ist, die soziale Kooperation und den Altruismus auch außerhalb der genetischen Verwandtschaft zu fördern, ist die Religion[25]. Allerdings birgt sie das Risiko, durch scharfe Systemgrenzen konkrete Feindbilder aufzubauen und dadurch längerfristig das damit verbundene „Gute" wieder zu egalisieren.

Selbst wenn Religionen es tatsächlich schaffen sollten, den Menschen besser zu machen, bleibt die Frage nach der Existenz Gottes und damit nach der wichtigsten Voraussetzung für diese Diskussion dennoch ungeklärt. Den Menschen besser zu machen, bedeutet vorwiegend, das Übel der Welt zu reduzieren. Dabei stellt sich die Frage, ob dies in unserem alleinigen Einflussbereich liegen muss oder nicht.

Der Hausbesitzer

Von den Auflagen eines Mieterschutzgesetzes einmal abgesehen, kann prinzipiell davon ausgegangen werden, dass ein Hausbesitzer bezüglich seines Hauses tun und lassen kann, was er will. Er kann sich frei entscheiden, welches Handeln

---

25 Vgl. Barbour 2003, S. 365.

er gegenüber den Mietern durchsetzen will. Dabei steht er vor der Entscheidung über die Freiheitsgrade, die er gedenkt, seinen Mietern angedeihen zu lassen. Wobei er prinzipiell das Risiko trägt, dass die Mieter das Haus nicht pfleglich behandeln, entweder weil sie nicht willens sind oder weil sie nicht anders können.

Allmacht

Nehmen wir nun ein allmächtiges Wesen an. Nehmen wir an, es hat sich ein Haus erschaffen mitsamt den dazugehörigen Mietern. Nehmen wir auch an, dieser Hausbesitzer ist so allmächtig, dass er das Haus jederzeit zerstören oder neu erschaffen kann. Nehmen wir weiters an, er wäre so allmächtig, dass er sogar die Gedanken seiner Mieter manipulieren könnte, wenn er wollte. Die Mieter wären dann fremdgelenkte Automaten, die vollständig in ihrem Wollen und Handeln vorherbestimmt bzw. determiniert wären. Im Gegensatz dazu könnte der Hausbesitzer den Mietern aber auch einen völlig freien Willen zugestehen, garniert mit einer Hausordnung, die idealerweise kurz und verständlich gehalten ist.

Halten wir fest: durch seine Allmacht kann der Hausbesitzer wollen, dass die Mieter viel oder

wenig freien Willen haben. Er könnte also die Freiheit variieren. Wenn er sich entschieden hat, ihnen
viel Freiheit zu geben, muss er damit rechnen, dass
die Mieter potentiell auch absichtlich oder unabsichtlich viel Schaden anrichten können. Halten
wir jedoch fest, dass es in seiner Allmacht läge,
das reale Eintreten des Schadens zu verhindern
oder zu limitieren. Er könnte also das Ausmaß des
Übels variieren.

Aber kann er beides zugleich? Einen freien Willen gewähren bei gleichzeitig geringem oder gar
keinem Übel? Die Antwort lautet: Ja! Bei einem
normalen Hausbesitzer, der durch fehlende Macht
keinen Einfluss auf das Übel ausüben könnte,
würde die Antwort „Nein" lauten. Es wäre dann
für den Hausbesitzer logisch unmöglich, einen
freien Willen zu gewähren, ohne ein gewisses Maß
an Übel zulassen zu müssen.

Der Hausbesitzer könnte dann zwar wollen
(sofern er gütig ist) und hätte somit selbst die Willensfreiheit, aber nicht die Handlungsfreiheit, das
Übel zu verhindern. Ist er aber allmächtig, dann
ist es lediglich logisch unmöglich, den freien Willen zu gewähren, ohne das Potential des Übels
zulassen zu müssen. Der allmächtige Hausbesitzer
müsste also nicht die Tatsache des Leids zulassen,

wohl aber die Tatsache des **Potentials** des Leids. Angenommen, dieser Hausbesitzer verfolgt das Ziel „freies Übel für freie Mieter" und es gibt demzufolge „Übel" im Haus. Entweder ereignen sich immer wieder Überschwemmungen im Gebäude, oder es haben sich aus unerklärlichen Gründen Ratten, Kakerlaken und Ungeziefer eingenistet.

Dazu kommt, dass sich einige Mieter streiten, prügeln, Einschusslöcher in der Hausmauer hinterlassen und alles verschmutzen. Ein etwas verwirrter Mieter, der sich im Auftrage des Herrn begreift, drohte sogar schon, das Haus mit einer Gasflasche in die Luft zu sprengen. Seit jeher fragen sich andere, friedvollere Mieter daher, warum der allmächtige Hausbesitzer dies alles zulässt? Es drängt sich eine alte Frage auf: kann er nicht oder will er nicht?

Freier Wille

„Ich bin der allmächtige Gott", lässt dieser dem Hirten und Propheten Abraham um den Beginn der Bronzezeit herum in 1. Mose 17:1 wissen[26]. Bezogen auf das Leiden der Welt meint der Philosoph Epikur etwa 300 Jahre vor Christus zu diesem Thema:

---

26 Rev. Elberfelder-Fassung.

> *„Gott will entweder die Übel nicht beseiti-*
> *gen oder kann es nicht; oder er kann es, will*
> *aber nicht; oder er will es weder noch kann*
> *er es; oder er will es und kann es. Wenn er es*
> *kann und nicht will, so ist er mißgünstig und*
> *schwach und daher auch kein Gott. Wenn*
> *er es aber will und kann, was allein Gott*
> *zukommt, woher stammen also die Übel*
> *oder warum beseitigt er sie nicht?"* [27]

Diese Aussage wirft folgende Fragen auf: was sind die Gründe, nicht zu können? Was sind die Gründe, nicht zu wollen? Wenn er es nicht kann, ist die Antwort scheinbar einfach: dann ist er nicht allmächtig. Wenn er nicht will, dann ist er nicht gütig. Unter der Annahme, dass Gott gütig ist, nehmen wir an, dass er will. Er tut es aber nicht, weil er sonst den „freien Willen" beschneiden müsste, was er ebenfalls nicht will. Dies führt dazu, dass er nicht kann, obwohl er will. Man könnte es umschreiben mit „ich will, aber ich kann nicht, deshalb kann ich nicht, obwohl ich will".

Es ist davon auszugehen, dass Gott kein Übel will. Wenn er aber das Übel ausmerzen will, müssen einer von zwei Faktoren zutreffen: entweder Gott determiniert den Menschen völlig in seinem

---

27 Krause et al. 1979, S. 396.

Sinne, oder Menschen mit freiem Willen entscheiden sich, nichts Übles zu beabsichtigen. Die Wahrscheinlichkeit, dass sich hundert Prozent der wachsenden Menschheit in ihren Absichten immer für eine gut gemeinte Handlungsintention entscheiden wollen, könnte man getrost als null annehmen.

Die Wahrscheinlichkeit andererseits, dass das Gegenteil der Fall ist, ebenso. Jedoch – ein wenig Sauerteig verdirbt die ganze Masse, wie bekannt ist. Somit hat das Üble eine gute Chance, stets neu zu entflammen. Darüber hinaus taucht die Frage auf, was mit den unbeabsichtigten Nebenwirkungen ist, die eine auch gut gemeinte Handlung in sich bergen kann. Weiters taucht die Frage auf, was mit den ungewollten, unvorhersehbaren Übeln ist, die sich aus dem gemeinsamen Zusammenwirken gut gemeinter Handlungen auf individueller Ebene in der Masse ergeben.

Das Nervenkleid Gottes

Die Themenbereiche „freier Wille" und das „Übel in der Welt" scheinen immer wieder zu Gottes Allmacht zurückzuführen. Gewiss, diese Diskussion hat einen ebenso langen Bart wie der sprachlose Greis in Monty Pythons „Das Leben des Brian", aber dennoch hat sich an der ursprünglichen Fragestellung nie etwas geändert. Dabei scheint es so einfach zu sein: entweder ist Gott gut, dann ist er nicht allmächtig, oder er ist allmächtig, dann ist er nicht gut. Man könnte die Frage auch so stellen: warum sollte ein Gott seinen Geschöpfen Krankheit, Leid und die Todeserfahrung zumuten, nur um zu beweisen, dass einige Individuen wirklich an ihn glauben und seine Leistungen in dementsprechender Intensität würdigen?

Kann man es wirklich in Ordnung finden, dass Gott beispielsweise Abraham seinen Sohn Isaac um ein Haar erstechen, die Hinrichtung jedoch gnädigerweise unmittelbar vor dem finalen Dolchstoß per Vision stoppen lässt?

Was macht Gott, während Pädophile sich über die Kinder Gottes hermachen? Abwarten und Tee trinken? Wenn das tatsächlich so ist, dann müsste das Nervenkleid Gottes ziemlich dick gepolstert sein. Argumente dieser Form wiederholen sich gebetsmühlenartig in unzähligen Diskussionen und werden von vielen religiösen Vertretern gewöhnlich auf eine Art pariert, wie man es von alten Computern bei einer unkorrekten Eingabe auf DOS-Ebene gewohnt war:

„Falscher Befehl oder Dateiname“.

Die Frage kann jedoch auch ganz anders formuliert werden. **Kann** es überhaupt eine akzeptable Erklärung für die Kollateralschäden geben, die eines Allmächtigen jemals gerecht wird?

Das Argument der Allmacht müsste doch eigentlich bedeuten: wenn Gott gewollt hätte, dann wäre alles ganz anders. Ein Allmächtiger wäre doch so allmächtig, solchen Varianten der Realität kein Leben einhauchen zu müssen.

Als vollkommener Gott hätte er es doch nicht nötig, sich in einer derart unvollkommenen Situation zu befinden und sich für das Leid der Welt temporär unempfindlich geben zu müssen. Das Leid der Welt kann doch als nicht verharmlosbar, nicht relativierbar und auch nicht verhandelbar betrachtet werden.

Das stimmt auch – wenn Gott alles könnte, was er wollte. Sehen wir uns in diesem Zusammenhang eine Definition von Allmacht an:

> *„Macht ist die Fähigkeit, nach eigenem Gutdünken einen bestimmten Zustand zu belassen oder verändern zu können. Ein Wesen besitzt Macht, wenn es diese Fähigkeit hat, und ein Wesen besitzt Allmacht ..., wenn es Macht über alle Zustände hat, die*

> *möglich sind. „Allmacht' bedeutet zumindest,*
> *dass Gott alles das, was keinen Widerspruch*
> *enthält, schaffen oder verändern kann."* [28]

Das bedeutet, wenn wir von Gottes Allmacht sprechen, ist eine Form „Gott kann alles, außer ..." oder „es ist für Gott unmöglich, dass ..." gemeint. Somit würde Gott zwar offiziell als allmächtig gelten, nicht aber als uneingeschränkt. Denn Gott kann alles, außer gegen die Gesetze der Logik verstoßen. Thomas von Aquin hat darauf hingewiesen, dass alles, was einen Widerspruch einschließt, nicht unter die göttliche Allmacht fällt[29]. Gott kann somit offiziell nicht aus zwei plus zwei fünf machen, einen quadratischen Kreis oder ein gleichseitiges Dreieck konstruieren, welches nicht zugleich gleichwinkelig ist.

Diese Ansicht ist nicht ganz selbstverständlich, immerhin wurde von René Descartes die Position vertreten, dass Gott alles tun kann, auch das logisch Unmögliche, indem er per Dekret logische Widersprüchlichkeiten unwirksam werden lässt[30]. Er war der Meinung, dass Gott nicht die absolute Macht hätte, wenn er an die Gesetze der Logik

28 Vgl. Streminger 1992, S. 5.
29 Vgl. Aquin 1934, S. 287, vgl. Bauke-Ruegg 1998, S. 274.
30 Vgl. Cassirer 2005, S. 42.

gebunden wäre. Ein Klassiker ist auch das Argument, Gott könne keinen Stein erschaffen, den er nicht selbst heben kann.

Theodizee

In der Auseinandersetzung zwischen Atheisten und Theisten ist das Argument des „Übels" eine der stärksten Waffen gegen Theisten. Das Gefecht um die besten Verharmlosungsargumente findet ihren Niederschlag vor allem seit Gottfried Wilhelm Leibniz in der Theodizee-Diskussion. Dieser Begriff wurde von ihm in seiner *Theodicée* (1710) geprägt und bezieht sich auf die Unvereinbarkeit von Gottes Allmacht, Allwissen und Allgüte und dem Übel in der Welt.

Nach Leibniz ist die von Gott geschaffene Welt *„mundus optimus"*, die bestmögliche Welt, in der Allmacht und Allgüte mit dem Leiden vereinbar sei. „Aus unendlich vielen möglichen habe Gott die bestehende ausgewählt und geschaffen, und sie müsse die beste aller möglichen sein, weil Gott sie in seiner Vollkommenheit erwählte."[31]

Eine klassische Strategie der Theodizee besteht darin, den freien Willen und das Übel als die Engstelle, den Flaschenhals zu erkennen, den selbst

---

31 Dörpinghaus 1997, S. 45.

Gott passieren muss. Aus dieser Begrenzung folgt, dass Gott nicht den freien Willen einführen konnte, ohne nicht auch das Übel in Kauf nehmen zu müssen. Wenn er keine Marionetten wollte, dann musste er es tun, er konnte nicht anders.

Die Theodizee erkannte, dass hier zwei wertvolle Güter konkurrieren: der „freie Wille" und das angestrebte Minimum an Übeln. Damit wird ein Gott beschrieben, der in einem ethischen Dilemma steckt, der bestrebt ist, durch die Wahl dieses Übels ein noch größeres Übel zu verhindern. Er musste sich entscheiden, was wichtiger ist: „Gaskammern" oder der „freie Wille". Somit hat Gott selbst zwar Willensfreiheit, aber keine Handlungsfreiheit, weil er durch die Logik gezwungen ist, etwas zu tun, was er eigentlich gar nicht wollen kann: nämlich das Leid zuzulassen.

Das ethische Dilemma muss also darin bestehen, dass Gott den Wert des Übels auf dem einen Gleis als geringer ansieht als den Wert des „freien Willens" auf dem anderen Gleis. Deshalb scheint er gezwungen zu sein, die Weichen so zu stellen, dass der Waggon auf das Bild des Übels gelenkt wird, um den weit höheren Wert des „freien Willens" zu retten. Immer dann, wenn jemand sagt, dass Gott ein Übel zulässt, um weit größere Übel von uns abzuhalten, entspricht dies haargenau dem Muster des ethischen Dilemmas, welches von Hauser skizziert wurde.

Die Formel dabei lautet: Übel zum Preis des „freien Willens". Je weniger „freier Wille", desto mehr Vorherbestimmtheit oder Determinismus. Je mehr Determinismus, desto mehr hat Gott schuld. Je weniger Determinismus, also mehr „freier Wille", desto mehr hat der Mensch schuld – am „moralischen Übel". Als moralische Übel kennzeichnet man alle durch den Menschen herbeigeführte Leiden, wie Verbrechen, Kriege, Misshandlungen im Gegensatz zu den „natürlichen Übeln" wie Erdbeben, Tsunamis oder Krankheiten.

Die Theodizee-Liebhaber sind daran interessiert, ein Minimum an Vorherbestimmtheit gelten zu lassen, um dem Menschen das Maximum an Übel in die Schuhe schieben zu können, Gott von jeder Schuld zu entlasten und so nebenbei ihre eigene Position zu stärken.

Extreme Anhänger dieser Ansicht bezeichnet man Libertarier. Inkompatibilisten sind der Meinung, dass der Determinismus mit einem freien Willen unvereinbar ist. Inkompatibilist kann man auf zwei Arten sein: Libertarier sind Inkompatibilisten, weil sie den Determinismus leugnen und den freien Willen befürworten. „Harte Deterministen" sind Inkompatibilisten, welche den freien Willen leugnen, weil sie den Determinismus vorziehen. Im Gegensatz dazu akzeptieren die Kompatibilisten eine gewisse Vereinbarkeit von Determinismus und freien Willen.

Für die Verteidigung des „freien Willens" hat sich der Terminus „free will defense" eingeführt[32]. Ein sich dafür aufopfernder „Ninja der Theologie" ist neben John Hick oder Alvin Plantinga der Fellow der British Academy, der Oxforder Theologe Richard Swinburne. Der grotesken Argumentation Swinburnes zufolge wird zum Beispiel der Atombombenabwurf in Hiroshima damit gerechtfertigt, dass sich dadurch so viele Gelegenheiten für menschliches Mitgefühl aufgetan haben:

> *„Suppose that one less person had been burnt by the Hiroshima atomic bomb. Then there would have been less opportunity for courage and sympathy ..."*[33]

Alles Leid dient der Ausbildung moralischer Tugenden, der sittlichen Besserung, der Entwicklung von Mitgefühl, Pflichtgefühl oder Solidarität[34].

---

32 Im Gegensatz zum Terminus „soul making".
33 Swinburne 2004, S. 264, vgl. Dawkins 2007, S. 93.
34 Vgl. Streminger 1992, S. 104.

Die schon erwähnte Kunst, aus fragwürdigen Voraussetzungen logisch präzise Schlüsse zu ziehen, gipfelt in der Diskussion darüber, wie gut das Übel in der Welt doch für die Menschheit ist. Solche Darlegungen erinnern stark an Versuche, die Notwendigkeit von Hexenprozessen logisch und plausibel als gottgewollt zu begründen. Schon Leibniz argumentierte damit, dass das Übel zur Vermehrung des Guten diene[35]. Unter der Annahme, dass ein paradiesischer Zustand körperlicher oder geistiger Natur das jenseitige Ziel vieler religiöser Gemeinschaften darstellt, frage ich mich: Wie würde Gott in einem paradiesischen jenseitigen Zustand die Frage realisieren, dass Freiheit und Übel nicht kompatibel sind? Wenn das Übel so lehrreich ist, warum sollten wir dann einen besseren Gesamtzustand anstreben wollen? Gelten dann diese von Swinburne & Co. skizzierten Vorteilsbedingungen des Übels nicht mehr? Werden wir dann nicht mehr in den Genuss des Übels kommen, um das „Gute" besser schätzen zu können?

Der Irrtum der „free will defense" besteht in der Annahme, dass das Zulassen des Übels für den freien Willen logisch zwingend ist. Aus dem freien

---

35 Vgl. Leibniz 1968, S. 270.

Willen ergibt sich jedoch absolut nicht logisch
zwingend, das Übel auch zulassen zu müssen. Das
Potential des Übels sehr wohl, nicht aber das Übel
selbst, nicht für einen Hausbesitzer und schon gar
nicht für einen allmächtigen Gott.

Hier setzen die Ninjas das Argument an, dass
Freiheit ohne der Möglichkeit, das Böse auch tatsächlich ausführen zu können, keine ethisch signi-
fikante Willensfreiheit ist. So schreibt der Münch-
ner Fundamentaltheologe Armin Kreiner:

> *„Die Handlungen von Subjekten, die
> anderen niemals Leid zufügen, sondern stets
> deren Wohl zu mehren versuchen, wären im
> eigentlichen Sinn dann nicht ‚sittlich gut‘,
> wenn sie aufgrund irgendwelcher Restriktio-
> nen gar nicht anders handeln könnten."*[36]

Laut Streminger ist jedoch auch eine Freiheit
denkbar, die einen Missbrauch nicht zwangsläufig
einschließt, indem Gott beispielsweise die Rah-
menbedingungen des Lebens so arrangiert, dass
niemand von der Möglichkeit des Bösen Gebrauch
macht[37]. Selbst der Einwand, dass durch ein limi-
tiertes Übel kein signifikanter Lerneffekt möglich
sei, ist nicht gültig, denn dieser hat nichts mehr

---

36 Kreiner 1997, S. 221, vgl. Hermanni & Koslowski 2004, S. 161.
37 Vgl. Streminger 1992, S. 137.

mit der ursprünglichen Schlussfolgerung zu tun, sondern ist Bestandteil des daraufhin zu optimierenden Prozesses.

Zu sagen, man kann nicht lernen, ohne die volle Erfahrung zu machen, ist schlicht falsch, das wäre so, als ob ein Tischler-Lehrling nur dann Küchen bauen kann, wenn er die Werkstatt verwüstet, genügend Holz verschnitten und an jeder Hand nur mehr drei Finger hat. Kein Tischler-Meister lässt sich das gesamte Holz verschneiden und trotzdem kommen Generationen von Gesellen hervor, die mit Holz sehr gut umgehen können.

Es ist nicht notwendig, von der Kletterwand abzustürzen, um ein guter Alpinist zu werden. Es muss nicht gleich die gesamte Hand verglühen, nur weil der Finger die Herdplatte berührt. Man lernt auch, wenn man sich nur ein wenig verbrennt. Eine waghalsige Trapeznummer ist auch mit Sicherheitsnetz noch waghalsig genug.

Die Lerneffekte werden vielleicht gebremst, aber nicht verhindert, wenn nicht die volle Härte der Folgen des freien Willens zum Tragen kommen. Auch wenn das, was für uns groß ist, für das Universum klein sein sollte, so ist es doch eine geschehene, unumkehrbare Leiderfahrung, die nicht zugelassen werden musste. Darin befinden sich keine logischen Widersprüche, weil es zwar unmöglich ist, den freien Willen zu geben, ohne die Intention von Übel zuzulassen, es aber logisch möglich ist, das reale Übel zu limitieren.

Man mag fragen, was das für eine eigenartige Welt wäre, in der das Übel nicht passiert oder limitiert wäre. Was ist es aber für eine eigenartige Welt, in der das Übel passiert? Das Übel der Welt ergibt doch unzweifelhaft nicht das elegante Bild des Werkstückes eines Allmächtigen und Allwissenden.

Jemand, der die Welt erschaffen kann, würde auch für das Problem des freien Willens eine für alle gute Lösung finden, die wir uns mit unserem menschlichem Verstand eben wirklich nicht vorstellen können, um ausnahmsweise mit dem beliebten Argumentationsmuster der Theisten zu arbeiten.

Allwissenheit

Übrigens ist Gottes Allwissenheit und der freie Wille ein Widerspruch in sich. Allwissenheit bedeutet, im Vorhinein zu wissen, wie sich der einzelne Mensch in Bezug auf seinen freien Willen entscheiden wird. Dadurch wäre er nicht mehr frei, sondern völlig determiniert, was Armin Kreiner dazu bringt, Gottes Allwissenheit zu relativieren, indem er zugesteht, dass Gott nicht wissen kann, wie sich freie Menschen entscheiden werden[38].

Er hätte jedoch sicherlich wissen können, innerhalb welchen Spektrums sich die Menschen entscheiden werden. Und er hätte sicherlich wissen können, wie es wahrscheinlich ausgehen wird, wenn Gott die ersten Menschen – ausgestattet mit der „Rüstung des freien Willens" – einem satanischen Winkeladvokaten und Überredungskünstler ausliefert. Er musste sich dessen bewusst sein, was für ein „höllisches Risiko" er dabei einzugehen bereit wäre und welches Übel daraus die Folge sein „müsste"[39]. Das Leid und das Weinen als Konsequenz dieses Ereignisses müsste er doch im Ohr gehabt haben. Wenn Gott wirklich vorausgewusst hat, dass viele Menschen in Tränen beten werden, warum hat er dann nicht gleich auf sie gehört?

Laut dem britischen Biologen Richard Dawkins sind auch Allwissenheit und Allmacht nicht miteinander vereinbar. Denn wenn Gott allwissend ist, kennt er die künftige Anwendung seiner Allmacht bereits im Vorhinein. Demnach wäre er

---

38 Vgl. Hermanni & Koslowski 2004, S. 160.
39 Vgl. Streminger 1992, S. 150 f.

allerdings nicht mehr frei, die Anwendung seiner Allmacht zu verändern, wonach er nicht mehr allmächtig wäre[40].

Im Grunde genommen scheint alles auf folgende Schlussfolgerung hinzudeuten: Entweder ist Gott in einem begrenzten Sinne allmächtig oder in einem unbegrenzten Sinne nicht allmächtig. Dabei ist es unerheblich, ob Gott nun das Übel absichtlich oder unabsichtlich zulässt. Tatsache ist: das Übel existiert, ob es nun einen Gott gibt oder nicht. Im Gegenteil: wenn Gott tatsächlich das Übel zulassen muss, um freien Willen zu garantieren, dann ist es eigentlich für die Betroffenen so, als ob es Gott überhaupt nicht gäbe.

Was die Existenz des Übels betrifft, sitzen dann Theisten sowie Atheisten im selben Boot. In diesem gemeinsamen Fahrzeug liegt es für beide Richtungen in der eigenen Verantwortung, welche Seite des freien Willens sie zu realisieren geneigt sind. Die Atheisten, weil sie glauben, von *niemandem* etwas erwarten zu können, die Theisten, weil sie sich von Gott *aktuell* nichts erwarten können.

Darüber hinaus ist zu unterstreichen, dass die gesamte Diskussion über die menschliche Ethik

---

40 Vgl. Dawkins 2007, S. 109.

und Moral, über die Allmacht Gottes und dem freien Willen weder etwas über dessen Existenz, noch über seinen Charakter aussagt. Wir reden von der Haut des Bären, ohne zu wissen, ob es in dieser Wildnis überhaupt Bären gibt.

Alle Überlegungen werden aber erst dann, und nur dann sinnvoll, wenn dies bekannt ist. Unabhängig davon, ob Gott existiert, machen es die Fähigkeiten unseres Gehirns möglich, Gott „erfahren" zu können. Unser Gehirn ist in der Lage, sich an den Glauben der heiligen Kokosnuss, dem fliegenden Spagettimonster oder Russels Teekanne zu gewöhnen. Welche Faktoren dabei eine Rolle spielen, ist Gegenstand des nachfolgenden Kapitels.

Gott im Gehirn?

Der amerikanische Hirnforscher Antonio Damasio veröffentlichte im Jahre 2000 im internationalen Journal „Nature" einen sensationellen wissenschaftlichen Bericht.

Er konnte nämlich mit dem Positronen-Emissions-Tomographen lokalisieren, wie sich geistige Prozesse im Gehirn emotional verorten. Mit einer bislang unbekannten Genauigkeit eröffneten diese Bilder Einblicke in die neuronalen Vorgänge, wenn die Menschen bei gewissen Gedanken und Erinnerungen Emotionen empfinden[41].

Emergenz

Dies hatte weitreichende Auswirkungen, denn mit Unterstützung dieser Ergebnisse rechnete Damasio mit der traditionellen Trennung zwischen Körper und Geist ab. Dadurch, dass man direkt sehen konnte, wie sich geistige Prozesse materialisieren, ja in weiterer Folge tatsächlich die Neuroplastizität des Gehirns beeinflussen, konnte eine dualistische Trennung wissenschaftlich nicht mehr aufrechterhalten werden. Geist wird Körper, Körper wird Geist[42].

Dieser Erkenntnis zufolge existiert sehr wohl ein dualistischer Wechselwirkungsprozess zwischen Körper und dem, was man als Geist oder Seele ansehen kann. Diese Wechselwirkung entspringt jedoch nicht aus einer substantiellen Getrenntheit zwischen einer körperlichen Materie und einer Art „körperlosem Gebilde", welches den Körper zur Zeit nur bewohnt[43]. Die Wechselwirkung scheint sich zwischen neurosomatischer

---

41 Vgl. Damasio et al. 2000, vgl. Klein 2002, S. 36.
42 Vgl. Gottwald 2006, vgl. Birklbauer 2007, S. 48.
43 Vgl. Dawkins 2007, S. 251.

Materie und einem aus dieser Materie erwachsenen emergenten Produkt abzuspielen.

Vom Standpunkt der Evolution aus gesehen kann das „Spirituelle" und das, was wir als „Seele" empfinden, als das emergente und nichtlineare Produkt aus materialistischen neuronalen Prozessen betrachtet werden, unabhängig davon, ob es darüber hinaus *noch* etwas gibt oder nicht. Emergente Produkte sind Eigenschaften, die aus den einzelnen Systembestandteilen alleine nicht erklärbar sind. Wasser ist nass, die einzelnen Wassermoleküle sind es nicht. Die Eigenschaft „Nässe" ist emergent, weil sie sich erst aus dem Zusammenwirken vieler Wassermoleküle ergibt.

Der Physiker Hermann Haken arbeitete heraus, wie durch das Zusammenwirken neuronaler Netzwerke neue Eigenschaften und emergente Produkte entstehen können[44]. Für Haken sind Gedanken und Wahrnehmungen emergente Produkte, die sich aus dem interaktiven Wirken neuronaler Aktivitäten nicht direkt ableiten lassen[45]. Bewusstsein ist ebenfalls ein emergentes Phänomen als Makrozustand von neuronalen Prozessen

---

44 Vgl. Siebert 2003, S. 11.
45 Vgl. Haken & Stadler 1990, S. 3.

auf Mikroebene. Auch wenn Bewusstsein durch die nichtlineare Wechselwirkung von Neuronen und Neuronenverbänden entsteht und nur für die Dauer der neuroelektrischen Aktivität existiert, wird diese Emergenz nicht weniger faszinierend[46].

Traditionell dualistisch orientierte Ansätze tun sich sehr schwer damit, Gedanken, Vorstellungen und Fantasien als emergente Produkte komplexer neurologischer Aktivitäten zu betrachten. Dabei garantiert gerade diese Emergenz dem Menschen trotz zunehmender Erkenntnisse auf dem Sektor der Neurobiologie die individuelle Phänomenologie des Seins. Um wieviel weniger ist ein Sternenhimmel romantisch, weil er durch das Wissen der Wissenschaft entzaubert wurde?

Die Vielfalt der Signale, die über die Umwelt auf uns einströmen, sowie die Vielfalt jener Signale, die wir selbst erzeugen, haben jedoch ein massives Problem, nämlich die Aufnahmekapazität.

Die Menge aller Möglichkeiten, die von „außen" über die Sinne oder von „innen" über Körpersignale oder Gedanken aufgenommen werden *könnten*, unterscheidet sich deutlich von der Menge, die aufgenommen werden *kann*.

---

46 Vgl. Mainzer 2005, S. 8.

Der Flaschenhals, den alle Informationen passieren müssen, ist dabei die Aufmerksamkeit und das Arbeitsgedächtnis[47]. Generell kann der bewusstseinsfähige Teil unseres Gehirns nur 10 bis 100 von etwa 1 Milliarde „bits" eintreffender Informationen verarbeiten[48].

Weiters fasst laut dem Bewusstseinsforscher Ernst Pöppel das Gehirn unsere Wahrnehmungen im Drei-Sekunden-Takt zu „Wahrnehmungsgestalten" zusammen (siehe Percussion-Workshop im Anhang). Das „Jetzt" wird in Zeitquanten von drei Sekunden gegliedert, wobei dieser 3-Sekunden-Segmentierung Wahrnehmung und Verhalten zu folgen scheinen[49]. Die daraus folgende Wahrnehmungsverzerrung ist unser individuelles Bild der Wirklichkeit und kann sich als subjektives Ergebnis von der objektiven Wirklichkeit nur unterscheiden.

Wenn die Aufnahmefähigkeit des Gehirns stark begrenzt ist und darüber hinaus der Augenblick nur eine Dauer von drei Sekunden hat, dann ist dies ein relativ geringes Fenster, um in einem dynamischen Ablauf eine objektive Interpretati-

---

47 Vgl. Miller 1956, zitiert nach Klein 2004, S 34.
48 Vgl. Rosenberg 1992, S. 11.
49 Vgl. Pöppel 1987, S. 31, vgl. Schwab 2004, S. 105.

onsmöglichkeit zu erhalten. Um eine Vorstellung davon zu bekommen, möchte ich ein Beispiel skizzieren. Die Menge aller Informationen eines Kinofilms sei die objektiv gegebene Realität dieses einen Films. Es ist für das wahrnehmende Auge des Kinobesuchers unmöglich, alle Bildpunkte und Informationen pro Szene gleichzeitig wahrzunehmen.

Also ist das bloße Hinsehen schon ein individueller, selektiver Prozess. Die dabei entstehenden Gedanken und Interpretationen bilden ebenso einen selektiven Prozess. Die Wahrscheinlichkeit, dass derselbe Kinobesucher bei mehrmaligem Ansehen dieses Films dieselben Bewegungen der Augen wie beim ersten Mal wiederholt, ist sehr gering. Die Wahrscheinlichkeit, dass er ähnliche Augenbewegungen macht, ist höher. Selbst bei oftmaligem Ansehen desselben Films ist die Wahrscheinlichkeit, dass nun alle objektiven Komponenten des Films erfasst wurden, gering.

Für jeden einzelnen Besucher existiert eine „natürliche" Diskrepanz zwischen subjektiver und objektiver Wirklichkeit. Nichts anderes gilt natürlich für die Menge der Besucher im Saal, deren Augenbewegungen zwar ähnlich sind, aber doch voneinander abweichen. Sehr wahrscheinlich wird ein Großteil des Publikums die „Schwungmasse" der Aussage des Films ähnlich interpretieren, was letztlich die Einigkeit einer kollektiven Diskrepanz bedeutet. Wobei grundsätzlich die Gesamtvarietät der sich aus den individuellen Interpretationen ergebenden Wahrnehmungsmöglichkeiten nahezu unendlich ist.

Das bedeutet aber auch, dass ein und dieselbe objektive inhaltliche Wahrheit desselben Films unterschiedliche Subwahrheiten generieren kann, je nachdem, welchen kognitiven, stimmigen oder emotionalen Zugang der Beobachter zu den Informationen des Films hat.

Wahrheit

Deutlich wird die subjektive Wahrheit am Beispiel der sogenannten Kippbilder. Kippbilder sind gegebene Bildinformationen mit zwei Aussagemöglichkeiten, die jede für sich je nach Blickwinkel als „wahr" angenommen werden müssen.

Sie werden auch zweiwertige „multistabile Muster" oder „multistabile Wahrnehmungsfiguren" genannt, weil der Beobachter etwa alle drei Sekunden von einer stabilen Betrachtungsweise in eine andere gelangt. Berühmte Bilder sind der Necker-Würfel, die Rubin`sche Vase, das Hase-Ente-Bild

Abbildung 1: Junge - alte Frau

von Jastrow und die Frau von Boring, in der entweder eine alte Hexe oder eine junge Frau erkannt
werden kann (s. Abb. 1)[50].

Kippbilder sind Objekte, bei denen die gleich-
zeitige Präsenz zweier Wahrheiten in *einer* Infor-
mationssumme unmittelbar *erkennbar* ist, was bei
verschiedenen alltäglichen Beurteilungssystemen
nicht der Fall ist. Ein typisches Beispiel für zwei

---

50 Vgl. Zirkler 2001, S. 43, vgl. Metzner 2002, S. 118, 121.

Wahrheiten in einer einzigen Situation, die sich einem neutralen Beobachter bieten kann, verdeutlicht folgendes Szenario:

> *„Auf einer langen Schnur, die quer durch den Hörsaal reichte, waren ein kleiner und ein großer Ball aufgezogen. Er nahm den großen Ball, ließ ihn gegen den kleineren sausen; der große Ball stupste den kleinen Ball. Das war alles, was passierte. Die männlichen Studenten schrieben in der Regel, dass hier ein großer Ball einen kleinen berührt und wegstupst; sie nahmen die Aggression wahr. Die Studentinnen beobachteten zumeist, dass hier ein kleiner Ball von einem größeren weggestoßen wird; sie sahen dieses Ereignis aus der Perspektive des Opfers und gaben ihm entsprechend eine andere Bedeutung."* [51]

Die Präsenz beider Bilder ist wahr, aber nur wenn der Beobachter über einen deduktiven Überblick über die Gesamtheit möglicher Wahrheitsströme verfügt. Ein Bild kann sympathischer sein als das andere, aber wahrer wird es nicht. Anders verhält sich die Sachlage, wenn der Zugang zu einer Materie nur induktiv und einseitig erfolgen *kann* oder eine zweite Perspektive willentlich nicht

---

51 Foerster & Pörksen 1998, S. 101.

weiter angestrebt wird. Dann entwickelt es sich zur Charaktersache, wie radikal eine Seite der Wahrheit verteidigt und ob eine subjektive Perspektive zur Objektivität erklärt wird.

Subjektivität ist eine natürliche Teilmenge der Objektivität und nicht die Subjektivität ist der Fehler, sondern die Bereitschaft der Meinungsträger, durch eine starre Haltung eine Irreversibilität für die von der Interpretation der Beobachtungen Betroffenen in Kauf zu nehmen.

Obwohl beide Wahrheiten der Kippbilder unterschiedlich und einander ausschließend sind, kann dennoch jede Partei, welche für die eine oder andere Seite der Wahrheit Stellung bezieht, mit Fug und Recht behaupten, im Besitz der Wahrheit zu sein. Es kommt auf den Zugang an und darauf, ob der Wille oder die Möglichkeit gegeben ist, einen potentiellen zweiten Zugang finden oder erkennen zu wollen.

Vision

Nach Andrew Newberg haben jene Gehirnfunktionen, die uns nach Ursachen forschen lassen, „die Aufgabe, das Überleben zu sichern, und nicht unbedingt die Wahrheit zu ermitteln.“[52]

---

52 Vgl. Blume 2005, S. 63.

Grundsätzlich scheint der Wahrheitsgehalt eines Glaubenssystems für den Menschen nur eine geringe Rolle zu spielen, weil unser Gehirn in der Lage ist, etwas als Wahrheit anzuerkennen, was nicht wirklich Wahrheit sein muss[53]. Ob Kreuz oder Halbmond, ist auf Zellebene irrelevant. Paul Watzlawick schreibt im Zusammenhang von Glaube und Emotion, dass

> „ ...*limbische Entladungen frei flottierende Gefühle der Überzeugung im Hinblick auf das, was wirklich, wahr und wichtig ist, auszulösen vermögen. Es zeigt sich die enorme Bedeutung der Tatsache, dass ein primitives System (limb) des Gehirns, ohne jede Fähigkeit zur verbalen Kommunikation, dennoch Gefühle des Überzeugtseins zu generieren vermag, die sich nun unseren Glaubenssystemen anheften, ganz unabhängig davon, ob diese wahr oder falsch sind.*“[54]

Diese „Gefühle des Überzeugtseins" liefern Vorläufersubstanzen dafür, assoziative Interpretationen zufälliger Ereignisse zu erleichtern. Wenn jemand zum Beispiel durch eine religiöse Einstellung nach einem – verbotenen – sexuellen

---

53 Vgl. Watzlawick & Krieg 1991, S. 155.
54 Ebd.

Erlebnis ein schlechtes Gewissen bekommt, dann könnte dies – je nach seelischem Leidensdruck – die Wahrscheinlichkeit erhöhen, sich in allen möglichen und unmöglichen Ereignissen mit Zeichen und Signalen Gottes für sein Vergehen konfrontiert zu sehen. Natürliche Wahrnehmungsverzerrungen könnten den Boden dafür aufbereiten, in den Wechselwirkungen zwischen zufälligen Ereignissen, eigenen emotionalen Voreinstellungen und den Tücken der Wahrnehmung in eine gewisse Richtung zu reagieren.

So kann zum Beispiel auf dem Boden einer Angsterwartung in Wolkenformationen leichter Bedrohliches erkannt werden. Das Gehirn funktioniert dabei wie eine perfekte Simulationssoftware[55]. Es komplettiert unscharfe, fuzzige Erscheinungen der Natur in jene stimmige Grundrichtung, in die uns die genetische Disposition und die individuelle Selbstorganisation hineingeführt hat.

Das erinnert mich an den Film „Meerjungfrauen küssen besser", in dem die strenggläubige Tochter nach einem als Sünde verstandenen Kuss die Heiligenfigur am Nachtkästchen als schwangere Frau wahrnahm. Ein weiteres sehr effekt-

---

55 Vgl. Dawkins 2007, S. 127.

Abbildung 2: Vision

volles Beispiel ist die Erscheinung. Einmal Vision
bitte? Sehr wohl. Konzentrieren Sie sich etwa eine
halbe Minute auf den kleinen Punkt in der Mitte
der Abbildung 2. Anschließend fixieren Sie mindestens zehn Sekunden eine bestimmte Stelle einer
hellen Wand[56].

Was beobachten Sie?

---

56 Vgl. Charpak & Broch 2003, S. 49.

„Unio Mystica"

In Zeiten moderner Gehirnforschungsmethoden liegt es nahe, auch religiöse Menschen im PET-Scanner zu untersuchen. Vielfach wird die Vermutung laut, dass Religion und Glaube einfach einen überlebenstechnischen Vorteil bedeuteten, weil damit die Angst vor dem Tod gemindert werden konnte und der Mensch zum Überleben die Stabilität mehr braucht als die Wahrheit.

Dawkins beschreibt gar die Vermutung, dass die Religion eigentlich nur eine Fehlfunktion des Gehirns sei[57]. Für andere wiederum ist religiöses Erleben einfach nur auf neuronale Aktivitätsmuster zurückzuführen, welche der Gläubige als Gefühl der Offenbarung oder als Gefühl der Ekstase und Einigkeit mit einem göttlichen Wesen erfährt. Wobei ein und dieselbe mystische Erfahrung von unterschiedlichen Religionen unterschiedlich interpretiert wird[58].

Nach dem amerikanischen Hirnforscher und Religionswissenschaftler Andrew Newberg lassen sich die Gefühle der „Unio Mystica", der Erfahrung der Einheit mit Gott aus dem gleichzeitigen

---

57 Vgl. Dawkins 2007, S 250.
58 Vgl. Klein 2002, S. 255.

Wirken der durch Hippocampus und limbischen System aktivierten Beruhigungs- und Erregungsfunktionen erklären. Durch die damit verbundene Blockade des Orientierungsfeldes kommt es zu einer Identitätsauflösung, zu einem Verschmelzungsempfinden und zu glückhaften Entgrenzungserfahrungen[59]. Dem Artikel „Neurotheologie?" zufolge beschreiben meditierende Menschen immer wieder das Gefühl der völligen Losgelöstheit. Dieses entsteht durch die Abnahme der Aktivität des Parietalhirns, eines Bereiches, welcher für das räumliche Vorstellen zuständig ist:

> *„Wer sich also beim Meditieren ‚im Nichts' fühlt, der fühlt schlicht die Abschaltung seines Zentrums für die eigene Verortung."*[60]

Die Neurotheologie ist als solche eine junge Wissenschaft, deren Aufgabe es ist, verschiedene spirituelle Phänomene auch als reine neuronale Reaktionen zu betrachten. Damit könnte eine neue Stufe erreicht sein, deren Ausmaß jener gleichzustellen ist, als erkannt wurde, dass sich nicht die Sonne um die Erde, sondern die Erde

---

59 Vgl. Blume 2005, S. 85 f.
60 Spitzer 2006.

um die Sonne dreht. Manfred Lütz zum Beispiel wehrt sich heftig gegen die „bunten Bildchen" im Gehirn. Aber das ist gar nicht notwendig, selbst wenn sich die Gotteserfahrung als Schläfenlappenepilepsie herausstellt oder der Apostel Paulus tatsächlich wegen eines Krampfleidens vom Saulus zum Paulus mutierte.

Ob nun Gott tatsächlich existiert oder nicht, muss eigentlich von der Tatsache unabhängig sein, ob der Mensch dies neuronal erfahren kann oder nicht. Die neuronale Repräsentation von Religion sagt nämlich immer noch nichts über den Wahrheitswert der Existenz Gottes aus. Sie sagt lediglich etwas über die Erlebnisfähigkeit des Menschen durch eine besondere Arbeitsweise seines Gehirns aus, aber nichts über die Fakten außerhalb des Gehirns.

Gott im Weltall?

Es wäre sicherlich von Interesse, zu wissen, wie es zur Idee kommen konnte, eine Welt zu erschaffen. Wie es bei Ideen so ist, entspringen diese eher spontan, zufällig. Hatte Gott nun zufällig die Idee der Erde oder musste er den Zufall planen? Existiert Gott durch Zufall? Existiert Gott überhaupt? Wenn es nach den klassischen Gottesbeweisen eines Thomas von Aquin oder eines Anselm von Canterbury geht, dann ja. Bis Kant und Nietzsche auftauchten haben sie jahrhundertelang die Menschen beschäftigt. Nach dem deutschen Philosophen Robert Spaemann krankten sie jedoch vornehmlich daran, dass diese Beweise genau das voraussetzten, was sie eigentlich beweisen wollten, nämlich Gott[61].

Der unbewegte Beweger

Anselm von Canterbury ging von der Vollkommenheit Gottes aus. Wenn man sich nun ein absolut vollkommenes Wesen vorstellt, eines, über das nichts Größeres mehr gedacht werden kann, und es existiert dann nicht, dann kann es alleine deshalb schon nicht vollkommen sein. Anhänger dieser Überlegung war unter anderem Descartes, der in der fünften Meditation diesen sogenannten ontologischen Gottesbeweis aufgreift. David Hume und Immanuel Kant wird dessen Widerlegung zugeschrieben, vor allem durch das Infragestellen der Annahme, Gottes Existenz sei vollkommener als dessen Nichtexistenz[62]. Thomas von Aquin postulierte seine fünf Wege der Gottes-

---

61 Vgl. Spaemann 2005.
62 Vgl. Dawkins 2007, S. 116.

erkenntnis, wobei das stärkste Argument der teleo-logische Gottesbeweis ist. Dawkins zufolge sind die ersten drei Argumente verschiedene Formulierungen der gleichen Aussage. Dabei beruhen diese Argumente auf einer unendlichen Regression, die mit der Annahme eines Gottes willkürlich beendet wird[63].

Ich möchte im Folgenden die ersten zwei und das letzte Argument des Thomas von Aquin hervorheben. Das erste Argument bezieht sich auf den sogenannten „unbewegten Beweger", welcher den ersten Anstoß gegeben hat und welcher selbst nicht durch einen weiteren Beweger bewegt wurde. Das zweite Argument bezieht sich darauf, dass es bei allem eine erste Ursache gibt, welche als Gott definiert wird.

Das Gestaltungsargument oder teleologische Argument wirkt auch heute noch sehr überzeugend. Es beschreibt einen obersten Lenker, der die Welt als zielgerichtete Einrichtung gestaltet hat. Um ein Ziel zu erreichen, bedürfen vernunft-lose Dinge eines Erkennenden, der das Ziel fest-legt. Bei diesem Gestaltungsargument wird von unserer menschlichen Beobachtung, dass alles

---

63 Vgl. Dawkins 2007, S. 108 f.

eine Planung voraussetzt darauf geschlossen, dass dies auch beim Universum zutrifft. Die gewohnte Erkenntnis, dass Häuser normalerweise von Architekten geplant und von Maurern aufgebaut werden, legt uns von unserer Position aus gesehen diesen Schluss nahe. Eine Boeing 747 kann sich nicht selbst planen oder zusammenschrauben. Das erfordert einen Planungsvorgang und einen durchdachten Montageablauf.

Und daher gilt – so wie eine Bresche die Mauer beweist – das Vorhandensein der Welt als Beweis für einen Gott, der einem Uhrmacher gleich die Welt plante und ausführte. Abgesehen davon, dass sich nun die Frage stellt, welche Mauer Gott beweist, wenn er selbst die Bresche ist, wenden wir uns einem Beispiel zu: nehmen wir an, wir erhalten eine Email. So wie ein Fußabdruck im Sand auf einen Menschen hinweist, weist eine Email auf das Vorhandensein des Internets hin. Ist es jedoch ausreichend, aus der Erfahrung, dass eine Boeing 747 das Produkt überwältigender Ingenieurskunst ist, analog zu schließen, dass das Internet ebenfalls als Folge einer einzigen Planung entstanden ist?

Eine Email kann als Beweis dafür herangezogen werden, dass es das Internet gibt, aber nicht, dass ein einziger mächtiger Planer das Internet erschaffen hat. In einer polykausalen Ursachenverteilung wäre ein einziger Schöpfer lediglich eine Möglichkeit, wie so viele andere auch. So wie es jetzt dasteht, funktioniert es wie ein Uhrwerk. Rädchen an Rädchen, Server um Server, Knoten um Knoten scheinen das Bild einer fein abgestimmten Mechanik und damit das Bild einer übergeordneten Planung zu ergeben.

Und obwohl das Internet jetzt, so wie es ist, fantastisch ist und in seiner Komplexität einer fertigen Boeing 747 gleicht, ist es weder durch einen Wirbelsturm auf einem Schrottplatz entstanden noch hat es ein einzelner Uhrmacher entwickelt.

Das Universum „Internet" verfügt somit weder über einen ersten Beweger noch über einen planenden Gestalter und ist dennoch vorhanden. Es stellt sich eigentlich für jemandem, der plötzlich auf die Erde kommt und das Internet vorfindet, als wunderbares – aber auch risikoreiches – Werkzeug dar, welches man erschaffen müsste, wenn es nicht schon existieren würde. Alle Anwender zusammen bilden den Schöpfer dieses Universums.

Die Evolutionstheorie liefert eine Menge Beispiele, die danach aussehen, als ob sie das Ergebnis einer Planung sein müssten, ohne aber das Ergebnis einer Planung zu sein.

Goldilocks and the Three Bears

Richard Dawkins stellt die Evolution und die Schöpfungslehre anhand von zwei Definitionen gegenüber. Die Gotteshypothese besagt, dass es in der uns umgebenden Realität eine übernatürliche Intelligenz gäbe, die das Universum absichtlich entworfen hat, dieses in vielen Versionen der Hypothese auch verwaltet und gegebenfalls mit Wundern insofern eingreift, als es seine sonst unabänderlichen Gesetze gelegentlich verletzt[64]. Dem gegenüber stellt er folgende Ansicht:

> *„Jede kreative Intelligenz, die ausreichend komplex ist, um irgendetwas zu gestalten, entsteht ausschließlich als Endprodukt eines langen Prozesses der allmählichen Evolution."*[65]

Da diese kreative Intelligenz evolutionsbedingt sehr spät in Erscheinung tritt, kann sie das Universum nicht entworfen haben. Wie kann aber das Dasein unserer bewohnbaren Welt erklärt werden? Wie kann es das Faszinosum des Lebens überhaupt geben? Viele Wissenschafter sind – je tiefer sie in die Makro- oder Mikrowelten Einblick haben

---

64 Vgl. Dawkins 2007, S. 84.
65 Ebd., S. 46.

– erstaunt und verzückt über die unglaubliche Phänomenologie und Unmöglichkeit vom „Ding an sich". Lassen wir auf den folgenden Seiten den Atheisten Dawkins etwas zu Wort kommen.

Damit sich auf einem Planeten überhaupt Wasser und damit Leben entwickeln kann, muss er sich im engen Wertebereich einer sogenannten Goldilocks-Zone[66] befinden, in der es weder zu heiß noch zu kalt ist. Sonst verdampft das Wasser oder es gefriert. Die Erde ist in unserem Sonnensystem besonders gut gelegen. Die Sonne gehört nicht zu einem Doppelsternsystem, der Jupiter lenkt Asterioiden ab und der Mond stabilisiert die Rotationsachse der Erde[67]. Würden die physikalischen Gesetze und Konstanten nur geringfügig variieren, dann „hätte sich das Universum so entwickelt, dass Leben nicht möglich gewesen wäre."[68]

Ein Beispiel dafür sind die Rees`schen Zahlen des britischen Astronomen Martin Rees. Danach gibt Rees sechs Grundkonstanten an, die überall im Universum gelten. Eine dieser Zahlen gibt die Stärke der „starken Wechselwirkung" an, mit

---

66 Der Begriff ist aus dem Märchen von „Goldilocks and the Three Bears" von James Marshall abgeleitet.
67 Vgl. Dawkins 2007, S. 190.
68 Ebd., S. 199.

der die Bestandteile eines Atomkerns zusammen-gehalten werden. Diese Zahl hat in unserem Universum den Wert 0,007. Wäre dieser Wert kleiner, dann könnten keine relevanten chemischen Prozesse entstehen. Wäre er größer, würden alle Wasserstoffatome zu schwereren Elementen verschmelzen, was dazu führen würde, dass es kein Wasser gäbe[69].

Ein Theist wie Swinburne ist nun der Meinung, dass diese physikalischen Konstanten von einem Gott so abgestimmt wurden, dass sie in der Goldilocks-Zone lagen. Das bedeutet, dass Gott sechs Knöpfe in die richtige Position brachte, um Leben zu ermöglichen.

Ein Atheist wie Richard Dawkins nun meint folgendes:

> *„Ein Gott, der die Goldilocks-Werte für die sechs Zahlen ausrechnen kann, muss mindestens ebenso unwahrscheinlich sein wie die fein abgestimmte Zahlenkombination selbst. Demnach bringt uns die theistische Antwort, was die Lösung des angesprochenen Problems angeht, keinen Schritt voran."* [70]

---

69 Vgl. Dawkins 2007, S 201.
70 Ebd.

Darüber hinaus beschreibt er eine planetare Version des „anthropischen Prinzips". Die Wahrscheinlichkeit, dass sich ein Planet in der Goldilocks-Zone befindet, ist extrem gering. Aber mindestens einmal muss sie „Eins" gewesen sein, sonst wären wir nicht hier. Damit es im Lotto bei einer äußerst geringen Wahrscheinlichkeit mindestens einen Gewinner gibt, muss die Grundgesamtheit der Spieler eine gewisse Größe erreichen.

Betrachten wir als Beispiel das Immunsystem. Wenn der Körper das Problem hat, für ein eingedrungenes Virus keinen passenden Schlüssel zur Verfügung zu haben, um das Virus auszuschalten, – sogenannte Antikörper – dann ist jede einzelne der Abwehrzellen mit nichts anderem beschäftigt, als nach genau diesem Schlüssel zu suchen. Die meisten ohne Erfolg. Denn für die einzelne Zelle ist die Wahrscheinlichkeit äußerst gering, den passenden Schlüssel zu finden. Für Milliarden von Suchenden aber ist die Wahrscheinlichkeit sehr viel höher, einen Treffer zu landen. Findet nun eine Zelle zufällig den Schlüssel, beenden sämtliche Abwehrzellen den Suchmodus und beginnen augenblicklich mit der Produktion der Antikörper. Sehr wahrscheinlich kann die glückliche Finderzelle keine Patentrechte erwerben, ohne die verlangten Leistungen an die Möglichkeiten des Gesamtsystems anzupassen, denn sonst könnte sich der Körper das Überleben auf Dauer vermutlich nicht leisten.

Beim Lotto 6 aus 45 verhält es sich ähnlich. Für einen einzelnen Spieler ist es sehr unwahrscheinlich, dass gerade er die sechs richtigen Zahlen errät. Für Millionen von Ratenden ist es jedoch absolut nicht unwahrscheinlich, im Gegenteil, es passiert nahezu wöchentlich.

Charpak & Broch liefern in ihrem Buch „Was macht der Fakier auf dem Nagelbrett" ein amüsantes Beispiel über die Fähigkeit eines Psychokineten, während einer Live-TV-Sendung die Glühbirnen der Zuseher allein durch gedankliche Konzentration durchbrennen zu lassen. Nachdem das Medium darauf hingewiesen hat, dass die aktuellen Umstände nicht ideal wären, versinkt es in tiefe Kontemplation. Kurz darauf gehen in der Telefonzentrale des Senders jede Menge Anrufe ein, von Zusehern, deren Glühbirnen tatsächlich reihenweise durchbrannten.

Doch die Antwort liegt nicht in der Allmacht des Psychokineten verborgen, sondern: nachdem eine Glühbirne eine mittlere Lebensdauer von 1000 Stunden hat, ist es sehr wahrscheinlich, dass bei einer einstündigen Sendezeit und einer Grundgesamtheit von mehreren Millionen Zusehern während einer Live-Sendung hunderte Glühbirnen durchbrennen[71]. Im Gegenteil: das Wunder würde darin bestehen, wenn dies *nicht* passieren würde.

Im Falle der Entstehung eines bewohnbaren Planeten ist die wissenschaftliche Herangehensweise ebenso statistischer Natur. Nach Schätzungen gibt es in unserer Galaxis zwischen einer und 30 Milliarden Planeten, wobei das Universum 100 Milliarden Galaxien enthält. Dabei kommt man nach vorsichtigen Schätzungen zu einer Zahl von einer Milliarde Milliarden Planeten, die im Universum zur Verfügung stehen.

Würde man der Wahrscheinlichkeit, dass sämtliche notwendigen Parameter für die Voraussetzung von Leben auf einem Planeten stimmen, den Wert eins zu einer Milliarde zuordnen, dann fände dieses unglaublich unwahrscheinliche Ereignis dennoch auf einer Milliarde Planeten statt[72]. Es wäre also fast ein Wunder, wenn *kein* Leben entstehen würde. Alle anderen Planeten wären Planeten, die es fast oder gar nicht schaffen, bewohnbar zu

---

71 Vgl. Charpak & Broch, S. 95 f.
72 Vgl. Dawkins 2007, S. 193.

sein, die überwiegende Anzahl der „Versuche" würde somit – was das Leben betrifft – erfolglos ausfallen.

Die Wahrscheinlichkeit Gottes

Im Gegensatz zur Gestaltungshypothese, in der ein Gott die Welt in einem Stück erschaffen hat, ist dies eine mögliche Erklärung dafür, wie sich aus vielen Versuchen bewohnbare Planeten herausbilden können. Dawkins wendet sich somit gegen die Definition einer Gestaltung aus *einem* Stück, sozusagen gegen die Gestaltung einer Boeing 747, welche zufällig aus einem Wirbelsturm, der über einen Schrottplatz fegt, geschaffen wird. Er wehrt sich dagegen, dass jemand vom Fleck weg eine Sachertorte erschaffen kann, ohne die Mühen der tausend Wege gegangen zu sein, um den einen richtigen Weg zu finden. **Diese** Form von Gott betrachtet er als unwahrscheinlich, weil nur die Evolution eine Erklärung von der Existenz von Dingen liefert, die extrem unwahrscheinlich sind.

Jedoch rührt dies immer noch nicht an der allesentscheidenden Fragestellung: warum das „ist" ist und nicht vielmehr „nichts". Hier gebe ich Lütz recht, wenn er schreibt, dass auch die Evolutionstheorie im Grunde genommen keine Antwort auf die Existenz Gottes geben kann. Sie liefert zwar eine Beschreibung der Gesetze, wie sich Leben entwickeln kann, nicht aber warum Leben überhaupt da ist:

> *„Zur entscheidenden Frage, warum überhaupt etwas existiert und nicht vielmehr nichts, hat sie nichts zu sagen.“* [73]

Spätestens ab der Frage, warum das „ist" ist, sitzen Theisten und Atheisten eigentlich wieder im selben Boot – oder im selben Auto, wie wir noch sehen werden.

Einerseits können die Atheisten zwar erklären, wie Lotto funktioniert, aber sie haben keine Antwort darauf, wer es eingerichtet hat. Andererseits führt die Gotteshypothese der Theisten lediglich zu einer Verdoppelung des Problems, weil die Frage nach dem Schöpfer sofort die Frage nach dem Schöpfer des Schöpfers aufwirft, was die Regression nur verstärkt. Dawkins ist der Meinung, dass ein Wesen, das etwas so Unwahrscheinliches wie das Universum zu schaffen in der Lage ist, selbst noch unwahrscheinlicher als das Universum selbst sein muss[74].

---

73 Lütz 2007, S. 128.
74 Vgl. Dawkins 2007, S. 166.

Als ich kürzlich ein anregendes Gespräch über Gott und die Welt mit Jugendlichen genoss, bekam ich von einem Teenager etwas zu hören, was mir durch Mark und Bein ging:

> *„Warum sollte es keinen Gott geben, wir sind doch auch hier. Die Frage ist weniger, ob es ihn gibt, sondern was er von uns will."*

So trivial diese Antwort ist, so interessant ist sie auch. Denn vor dem Hintergrund dessen, was Dawkins behauptet, bedeutet dies, wenn die Unwahrscheinlichkeit möglich ist, dass **wir** hier sind, dann ist eben auch die Unwahrscheinlichkeit möglich, dass es einen Gott gibt. Was nicht heißt, dass es tatsächlich einen Gott geben muss, sondern nur, dass – auch wenn er für Dawkins unwahrscheinlicher ist – der Schritt zur nächstgelegenen Unwahrscheinlichkeit eben nicht unmöglich ist.

Auch wenn das Universum extrem unwahrscheinlich ist, ist es doch mindestens einmal geschehen. Warum sollte dasselbe nicht auch auf einen Gott zutreffen? Oder ein intelligentes Wesen, welches massiv dazu beiträgt, die Welt entstehen zu lassen?

Wenn **wir** schon unwahrscheinlich sind, warum sollte es dann nicht etwas noch unwahrscheinlicheres wie Gott geben? Oder anders formuliert: die Tatsache, dass sich manche Wissenschaftler geneigt sehen, aus dem anthropischen Prinzip eine Unwahrscheinlichkeit Gottes abzuleiten, bedeutet nicht, dass nicht die Unwahrscheinlichkeit eintreten könnte, dass es ihn doch gibt.

Existiert also Gott? Ein klares Jein.

Bergkuppen-VPA

Der deutsche Mathematiker, Kolumnist und Autor Gunter Dueck sagte: „Gott existiert, ob es ihn gibt oder nicht." Das bedeutet, mit Sicherheit existiert er in den Köpfen vieler Menschen.

Was jedoch nichts über die tatsächliche Existenz oder Nichtexistenz Gottes aussagt. Es sagt lediglich aus, dass viele Menschen durch die Realität ihrer Annahmesysteme ebensolche Realität erzeugen. Und unabhängig davon, ob diese Glaubensrichtungen wahr oder falsch sind, ist dennoch die Tatsache der Existenz der Anhänger wahr. Die alltäglich aus den verschiedenen religiösen Gesinnungen heraus resultierenden sozialen Spannungen sind ebenso wahr.

Dawkins zufolge ist die Existenz Gottes eine wissenschaftliche Hypothese wie jede andere auch. Als solche ordnet er diese Hypothese in die

---

Dawkins 7-Punkte-Spektrum:

- **Stark theistisch:** Gott existiert zu 100 Prozent. „Ich glaube nicht, ich weiß".
- Die Existenz Gottes ist sehr wahrscheinlich. De facto theistisch.
- Höher als 50 Prozent (agnostisch mit Neigung zum Theismus).
- **Agnostisch:** Genau 50 Prozent (unparteiischer Agnostizismus).
- Unter 50 Prozent (agnostisch mit Neigung zum Atheismus).
- Sehr geringe Wahrscheinlichkeit für die Existenz Gottes. De facto atheistisch.
- **Stark atheistisch:** es gibt zu 100 Prozent keinen Gott. „Ich glaube nicht, ich weiß".

Kategorie des VPA, des „vorübergehenden pragmatischen Agnostizismus" ein[75].

Diese Form des Agnostizismus betrachtet er neben dem PPA (prinzipieller permanenter Agnostizismus) als „das legitime Abwarten, ob es in der einen oder anderen Richtung eine eindeutige Antwort gibt" oder uns diese Antworten noch nicht zugänglich sind. So wie die Frage nach außer-

---

75 Vgl. Dawkins 2007, S. 72 f.

irdischem Leben offen ist, bleibt auch die Existenz Gottes einstweilen unbeweisbar[76].

Dawkins sagt dazu:

> *„Man kann für beide Seiten stichhaltige Argumente anführen, und da wir keine Belege besitzen, können wir nur die Wahrscheinlichkeiten in der einen oder anderen Richtung abschätzen."*[77]

Trotzdem es nun keine eindeutigen Informationen in dieser Sachlage gibt, lassen sich die Anhänger der verschiedenen Richtungen in das von Dawkins verfasste Wahrscheinlichkeitsspektrum zwischen den Extremwerten Theismus und Atheismus einordnen (s. Kasten).

Verkehr

Das Muster der Ungewissheit gilt für die Frage der Existenz Gottes ebenso wie für jedes aus dem Leben gegriffene Beispiel mit unbekannten Variablen, wie etwa die Uneinsehbarkeit über die Beschaffenheit einer Verkehrskurve. Im Straßenverkehr wissen wir intuitiv, welche Regeln für das Verhalten in Situationen mit unvollständiger Information zu befolgen sind. An diesem Punkt möchte ich

---

76 Vgl. Dawkins 2007, S. 68.
77 Ebd., S. 68, 69.

anknüpfen und das Musterbeispiel einer typischen, alltäglichen Interaktionssituation darstellen. Eine Abhandlung über die Komplexität, die sich aus einem relativ einfachen Verkehrsszenario ergeben kann, liegt als Download bereit[78].

Angenommen, wir befinden uns als unsichtbarer und neutraler Beobachter in einem Auto auf einer langen, kurvigen und hügeligen Küstenstraße. Im Fahrzeug befinden sich die Autolenkerin und zwei männliche Beifahrer in angeregter Diskussion über Gott und die Welt. Hinter der nächsten Straßenkurve jedoch wird die Fahrt jäh durch einen sehr gemächlich dahingleitenden Wohnwagen gebremst.

Die Lenkerin (Partei A) möchte den Wohnwagen, gegen den sie ja grundsätzlich nichts einzuwenden hat, natürlich überholen. Gelegentlich bieten sich auf dieser kurvenreichen Strecke auch kurze gerade Strecken zum Überholen an. Doch just in diesem Augenblick erscheint entweder immer gerade dann ein Fahrzeug auf der Gegenfahrbahn, oder der Wohnwagenfahrer beschleunigt, weil er sich endlich auf einer geraden Strecke befindet. Er legt also eine Fahrweise an den Tag, welche das

---

78 Internet: http://www.zeitfusion.eu/pareto.zip.

Überholen über weite Strecken erschwert, indem er auf den kurzen Geraden zwischen den kurvigen Straßenabschnitten die Geschwindigkeit zu erhöhen pflegt. Für das Fahrzeug hinter ihm erweist es sich demnach als eher riskant, den Wohnwagen zu überholen. Nun wechseln wir die Beobachterposition und finden uns als ebenso unsichtbarer und neutraler Beobachter im Auto des Wohnwagenfahrers (Partei B) wieder.

Dieser Fahrer befindet sich auf dem Weg in den wohlverdienten Urlaub auf derselben langen, kurvigen und hügeligen Küstenstraße. Aus dem Lautsprecher tönt Schlagermusik, der Strohhut sitzt gut über dem Frontallappen des Stirnhirns und die Fahrt geht gemütlich über Berg und Tal. Lebhaft unterhält er sich mit seiner Ehefrau über die Schönheit und Anmut der Landschaft, deren sanftes Grün erst durch die Abendsonne zur vollen Reife gelangt.

Der Wohnwagenfahrer kann deshalb gemütlich fahren, weil er keine Fähre erreichen muss, weil ihm alles egal sein kann. Er befindet sich ja schließlich und endlich im Urlaub. Wenn er seine nähere Umwelt überhaupt wahrnimmt, dann nimmt er das viel zu knapp auffahrende Fahrzeug hinter ihm als lästige, die Verkehrssicherheit gefährdende Einheit wahr, von der er sich aber schon gar nicht aus der Ruhe bringen lassen möchte. Das führt höchstens dazu, dass er sich vielleicht noch mehr Zeit lässt. In diesem Falle würde er Geschwindigkeit drosseln. Der Fahrer kann also zwei Aktionen zeigen, die entweder abhängig oder unabhängig von der Wahrnehmung der übrigen Verkehrsteilnehmer sein können.

Somit sind in diesem Interaktionsmoment für die Nutzenüberlegungen der Partei A zwei Handlungsquanten des Wohnwagenfahrers relevant: entweder die Geschwindigkeit zu **steigern** oder zu **drosseln**. Dabei stellt sich folgende Frage: für wen ist es leichter? Für den Wohnwagenfahrer (Partei B), die Geschwindigkeit ein wenig zu reduzieren oder für die Autolenkerin (Partei A), in einer kurzen Geraden einer kurvenreichen Strecke ein Überholmanöver zu riskieren? Dieses Thema ist der Brennpunkt der im Download bereitgestellten Abhandlung.

In unserem jetzigen Zusammenhang ist entscheidend: das Überholen ist riskant, erstens weil die Strecke sehr kurvig ist, mit Gegenverkehr zu rechnen ist und weil der Fahrer des Wohnwagens ein eher unüberholbares Verhalten an den Tag legt. Die einzige halbwegs risikoarme Möglichkeit, auf einem geraden Straßenabschnitt zu überholen, wird dadurch erschwert, weil der Wohnwagenfahrer das Fahrtempo beschleunigt.

Nun erweitern wir das Szenario und beleuchten einen bestimmten Streckenabschnitt mit einer kurze Geraden, an deren Ende die Straße ansteigt und sich auf einer Bergkuppe verliert. Was sich hinter der Bergkuppe befindet, ist unbekannt. Ob und in welcher Geschwindigkeit sich ein Gegenverkehr nähert, ob die Straße hinter der Bergkuppe in eine mehr oder weniger enge Kurve mündet, ist eine Blackbox.

Niemand würde nun ein Problem damit haben, – außer vielleicht im übertragenen Sinne Menschen von jener Sorte, welche HIV-Parties besuchen, um sich absichtlich mit dem Virus infizieren zu lassen – dass die einzig berechtigte Position bei einer unüberblickbaren Verkehrssituation der Bergkuppen-Agnostizismus ist. Niemand, der nicht eine ausreichende Beobachterposition besitzt, kann wissen, wie sich die Situation entwickelt, wenn der Fahrer zu einem Überholmanöver ansetzt. Es ist seriös, über das Potential verschiedener Szenarios zu reden und dabei auch Annahmen zu treffen. Aber absolut unseriös ist es, eine Ungewissheit zur Gewissheit zu erklären und das Fahrverhalten dar-

auf auszurichten. Selbst bei optimalem Fahrverhalten bleibt – auch ohne die treibende Kraft einer
zur Gewissheit erklärten Ungewissheit – noch
genügend Restrisiko.

Der Bergkuppen-Agnostizismus steht hier für
die Einstellung, nicht etwas als Wissen zu erklären, was man nicht wissen kann, selbst wenn man
hofft, zu wissen. Meiner Meinung nach ist an diesem Punkt die einzig berechtigte Form von Glaube
die Hoffnung.

Was nicht bedeutet, dass wir nicht – um es
mit Dawkins Worten auszudrücken – versuchen
können, in das Revier des Agnostizismus zumin-
dest Schneisen der Wahrscheinlichkeitsaussagen
zu schlagen[79]. Wenn der Streckenverlauf bekannt
ist, wenn statistische Daten oder Erfahrungs-
werte über die Verkehrsdichte zu verschiedenen
Zeitpunkten vorliegen, wird diese Blackbox ein
wenig lichter, das ist aber auch schon alles. Wir
haben also den Klassiker einer unübersichtlichen
Verkehrssituation, einer Situation mit ungewisser
Informationslage.

An gewissen Positionen des Streckenabschnittes ist das Überholen eindeutig nicht rat-

---

79 Vgl. Dawkins 2007, S. 103.

sam, an anderen Stellen ist es eindeutig gefahrlos und dazwischen gibt es jene Graubereiche mit Restrisiken, welche das Startsignal der Spekulation ausmachen. Ich möchte nun jene Stellen, an denen eindeutig gefahrlos überholt werden kann, als „grünen Bereich" definieren, wogegen ich die Graubereiche und jene Bereiche, in denen das Überholen eindeutig nicht ratsam ist, als „roten Bereich" definiere.

Nun frieren wir so eine Position ein und schalten um auf Zeitlupe. Wir befinden uns also vor einer Blackbox-Situation, bei der es um die Frage geht, ob der Fahrer einen Überholvorgang starten soll oder nicht. Nehmen wir an, die Lenkerin des Autos selbst sieht sich als Bergkuppen-Agnostikerin. Als solche steht sie zu der augenscheinlichen Tatsache, dass zum gegebenen Zeitpunkt nicht mehr gewusst werden kann.

Deshalb bevorzugt sie ein angepasstes Fahrverhalten und wird nur in Notfällen überholen. Ihre Beifahrer jedoch befinden sich mitten in einer heftigen Diskussion, wobei sie intensiv über die Beschaffenheit des Streckenabschnittes und über die Indizien, welche ihre Hypothesen bestätigen sollen, feilschen. Im weiteren Verlauf investieren beide immer mehr Zeit und Energie und entwickeln schließlich stabile Annahmen über das, was sich hinter dieser Bergkuppe befindet.

Der vielarmige Bandit

Die Art und Weise der Entstehung und der Zähigkeit falsch positiver Hypothesen wird anhand des „vielarmigen Banditen" von Watzlawick deutlich. Ein einarmiger Bandit in Las Vegas wird von einem Spieler im Spielcasino bedient, der einen Hebel drückt, um einen Dopamin-Schuss zu stimulieren. Dabei wird eine Münze in einen Automaten geworfen, die einen Hebel entriegelt. Dadurch können drei Scheiben so bewegt werden, dass sie einen Gewinn abwerfen, sobald sie in einer gewissen Stellung angeordnet sind. Bei häufiger Anwendung entwickeln die Spieler Hypothesen darüber, mit welcher Stimulanz ein gewisses Resultat zustande kommt.

Analog zum einarmigen Banditen wurde eine ähnliche Maschine von John Wright entworfen, nur enthielt sie keinen Hebel, sondern kreisförmig angeordnete Druckknöpfe und ein Display für den Punktestand. Die Versuchspersonen wurden angehalten, die Druckknöpfe auf eine Art zu drücken, dass sie den meisten Punktestand erreichten, wobei sie sich dabei keine Notizen machen durften. Sie mussten „dahinterkommen", wie es funktioniert, in welcher Reihenfolge sie die Knöpfe zu drücken hatten, damit sie einen Punkt erhielten. Auf diese Weise wurden mit der Zeit viele Wiederholungen angehäuft, was zu Analysen der Versuchspersonen über die hintergründigen Zusammenhänge der Druckanordnung führte. Schließlich hatten sie es geschafft und konnten eine „hundertprozentige" Lösung präsentieren. Was sie nicht wussten: die Druckknöpfe waren in keiner Weise irgendwie miteinander verbunden und die Punktevergabe erfolgte rein zufällig.

Das Ergebnis: die Teilnehmer waren derart überzeugt von ihrer „Lösung", dass sie die Wahrheit nicht glauben mochten. Sie hatten soviel investiert in ihren Irrtum, dass einige sogar dem Versuchsleiter unterstellten, selbst Opfer einer Täuschung geworden zu sein. Nur der Blick hinter dem Apparat konnte die Versuchspersonen schließlich davon überzeugen, dass sie auf dem Holzweg waren, weil keinerlei Drähte von den Druckknöpfen weggingen[80].

In diesem harmlosen Experiment wird deutlich, dass die Hartnäckigkeit der Überzeugung von

---

80 Vgl. Watzlawick 1993, S 64 ff.

der eigenen Hypothese schnell zu einem gefähr-
lichen Spiel werden kann, speziell dann, wenn dieser Charakter selbst zum Lenker eines Fahrzeuges
wird. Erst das Denken **dieser** Verkehrsteilnehmer
macht die Frage, was sich hinter der Bergkuppe
verbirgt, zu einem Spiel auf Leben und Tod.

Denn das Problem ist nicht die Arbeitshypothese selbst, sondern der Grad an Überzeugtheit
und das Ausmaß der Zumutung, welches den
übrigen Insassen aufgebürdet wird, kombiniert
mit einer leicht entzündlichen Beleidigtheit über
die „angezweifelte Kompetenz", sobald sich eine
vorsichtige Stimme meldet.

Das macht beide – die Theisten sowie die
Atheisten – auf ihre eigene Art gefährlich. Denn
der Atheist befindet sich lediglich am entgegen-
gesetzten Ende des Spektrums. Beide „glauben"
aber etwas zu wissen. Während jedoch das Fahrverhalten des Atheisten eher der Vorsicht des
Agnostikers entsprechen wird, kann man das vom
Theisten vorerst einmal weniger behaupten.

Ein Atheist würde von sich aus mit einer Atom-
bombe vorsichtiger agieren als jemand, der sich als
Werkzeug eines allmächtigen, alles wiederherstel-
lenden Gottes begreift. Wer zu wissen „glaubt",
dass man einer überirdischen schützenden Hand

teilhaftig ist und infolge dessen hinter der Bergkuppe kein Gegenverkehr zu erwarten sein wird,
gelangt zu anderen Schlussfolgerungen als Aus-
gangsbasis für Handlungsentscheidungen als
jemand, der davon überzeugt ist, dass diese Hand
unter Garantie nicht da ist.

Bei diesem Entscheidungsprozess, ob jemand
zu einem Überholvorgang ansetzt oder abwartet,
handelt es sich um ein Zeitfenster von wenigen
Millisekunden, bevor die Verkehrsdynamik den
Zustand wechselt. In diesen Millisekunden ent-
scheidet die Einstellung des Lenkers. In diesen
oft oszillativen Zuständen zwischen „tun" und
„unterlassen" besteht die Möglichkeit, die Verhal-
tenstendenz auf unbewusster Ebene minimalst in
eine geneigte Richtung gleiten zu lassen. Was in
weiterer Folge zu einer völlig anderen Wirklichkeit
führt.

Viele Glaubenssysteme gleichen nun Beifahrern, die den Fahrer dazu überreden wollen, mit
dem Argument einer höheren Hilfestellung schnel-
ler zu fahren und mehr Risiken einzugehen als er
es von sich aus tun würde. Sie unterstützen ihn
dabei, im „roten Bereich" des Streckenabschnittes
zu agieren.

Als Berater steht ihnen die Möglichkeit offen, die Selbstverständlichkeit einer natürlichen Vorsicht in einer unüberblickbaren Verkehrslage auszuweichen. So überreden sie ihre Anhänger im übertragenen Sinne, keine Präservative zu verwenden und tragen damit massiv dazu bei, einen ganzen Kontinent in die Krankheit zu stürzen.

Wie ausgeprägt wäre die Vorsicht jedoch, wenn keine Religion im Hintergrund stünde? Würde man dann auf das Präservativ verzichten? Wäre ein Kletterseil ein Präservativ, würden wir dann alle „ohne" klettern?

In einem anderen Beispiel bringt eine Religion ihre Anhänger dazu, bestimmte medizinische Behandlungsmethoden selbst in Notfällen zu verweigern, wofür es – unter Ausschluss gesundheitlicher Risiken – keinen objektiven Grund gibt. Etwas, was ein Atheist und sehr wahrscheinlich auch ein Agnostiker nicht tun würden, es sei denn, es gäbe neue medizinische Erkenntnisse.

Ein Glaubenssystem kann also jemanden dazu verleiten, um es symbolisch auszudrücken, wesentlich riskanter in eine unübersichtliche Straßenkurve einzufahren, als es ein unbeeinflusstes Gefühl vorschlagen würde. Es kann jemanden dazu animie-

ren, russisches Roulette zu spielen oder anderen
ein russisches Roulette zuzumuten.

Von der gesellschaftlichen Stellung der Frau,
von Familienmitgliedern, die einander meiden,
vom gehemmten Verhältnis zur natürlichen Sexu-
alität bis hin zu Selbstkreuzigungen, Massenselbst-
morden und religiös bedingter Kinderprostitution,
ließe sich die Liste unendlich erweitern. Wie viele
Menschen werden wegen ihrer sexuellen Orientie-
rung lebenslang gemobbt und ausgegrenzt? Wie
vielen Millionen Kindern wurde die Angst vor der
Hölle eingewebt? Wie viele Minderheiten werden aus religiösen Gründen diffamiert? Ganzen
Völkern und Generationen wird ein schlechtes
Gewissen eingeredet, weil im Paradies ein nicht als
repräsentativ einzustufender Obstdiebstahl statt-
gefunden hat[81]. Wo man auch hinsieht, findet sich
das Resultat der Kunst, aus fragwürdigen Voraussetzungen logisch richtige Schlüsse zu ziehen.

Mit diesem massenhaften Schaden in den Köpfen der Menschen wird das zweifellos Gute, welches in Form von Nächstenliebe und Hilfsbereit-
schaft den Menschen zurückgegeben wird, mehr
als kompensiert.

---

81 Vgl. Dawkins 2007, S. 348.

Legitime Institution?

Korsika zeichnet sich durch vieles aus, enge, hochaufstrebende Dörfchen, stolze Bewohner, wilde Flüsse und schöne Berglandschaften. Aber Korsika ist auch ein Land der Straßen.

Es gab kaum einen Wildfluss, den ich mit dem Kajak befuhr, an dem nicht in irgendeinem Kehrwasser ein Autowrack zu finden war. Am Straßenrande kaum gesichert, musste man immer mit Überraschungen rechnen. Die Fahrt ging von einer Blackbox zur nächsten Blackbox.

Das Potential der Unwägbarkeiten reichte von überraschenden Felsstürzen, von einer harmlosen Schar Eseln oder Wildschweinen bis hin zum recht selbstbewusst flotten Gegenverkehr eines korsischen Autofahrers. Nun ist es aber so, dass speziell bei Linkskurven die Sicht des Lenkers beeinträchtigt ist, weil er durch seine Position am Lenkrad einen eingeschränkten Blickwinkel in den Kurvenverlauf hat. Dadurch gehen wertvolle Frühinformationen verloren, da speziell bei schlechter Sicht jede zusätzliche Information eine frühzeitigere Reaktion ermöglicht.

Deshalb wurde in unserem Team den Beifahrern eine gesonderte Aufgabe zuteil. Sie wurden gebeten, in Linkskurven den Vorteil zu nutzen, der sich durch ihre erweiterte Beobachterposition ergab. Ein Kamerad – übrigens Atheist – ging in dieser Aufgabe sogar soweit auf, dass er sich nicht nur mit dem Beobachten begnügte, sondern dem Fahrer während eines kritischen Kurvenbereiches kontinuierliche verbale Signale vermittelte, bis die Gefahr vorbei war.

Worauf es in diesem Beispiel ankommt: die Aufgabe des Beifahrers wurde zur legitimen Institution, dort Beobachtungen anzustellen, für die der Fahrer weder Gelegenheit noch Zeit hatte. Genau diesen und keinen anderen Stellenwert möchte ich auch den Religionen zugestehen. Im Grunde genommen sind Philosophie und Religion das Kind derselben elterlichen Fragestellung, nämlich der metaphysischen Frage nach dem Sein. Keiner der beiden Ansätze kann das Unfassbare jedoch tatsächlich fassen, die Religion versucht aber seit jeher, den emotionalen Anteil dieser Fragestellung zu befriedigen.

Andrew Newberg beschreibt anhand des Todes eines Mitglieds einer „vorgeschichtlichen Sippe", wie die mystische Erfahrung zum Initiator einer religiösen Entwicklung werden kann. Die noch lebenden Mitglieder können den Toten, der gerade noch vital und kräftig war, berühren, spüren aber, dass er nicht mehr ist. Die gesamte Sippe ist davon vereinnahmt und versucht eine Erklärung zu finden. Auch der Häuptling versinkt in Gedanken, „doch je länger er über das zermürbende Rätsel von Leben und Tod nachsinnt, desto tiefer versinkt er in existentielle Ängste."[82]

Während sich die Sippe in diesem lähmenden Zustand befindet, brennt das Feuer nieder. Newberg schreibt weiter:

> *„Das Feuer war eben noch hell und lebendig, aber jetzt ist es aus, und bald ist nichts mehr übrig als leblose graue Asche. Und als die letzten Rauchschwaden zum Himmel emporsteigen, wendet er sich dem Leichnam seines verblichenen Freundes zu. Es kommt ihm der Gedanke, dass das Leben und der Geist seines Kameraden ebenso verloschen sind wie die Flammen. Und bevor er den Gedanken bewusst in Worte fassen kann, steht plötzlich ein Bild vor seinem geistigen Auge: Das wahre Wesen seines Freundes hat sich wie der Rauch, der aufsteigende Geist des Feuers, in den Himmel verflüchtigt."* [83]

---

82 Vgl. Blume 2005, S. 73 f.
83 Ebd., S. 73.

Diese mystische Erfahrung ist für Newberg die Wurzel aller Religionen. Der Tod ist eine so extreme Erfahrung, dass es etwas Besonderes braucht, um ihn zu bewältigen. Insofern ist eine Religion nichts wirklich Außergewöhnliches, sondern genau die außergewöhnliche Antwort auf das außergewöhnliche Ereignis Tod.

Der dabei entstehende Leidensdruck ist globaler Natur und es wäre geradezu ein Wunder, wenn gar keine spirituelle Gesinnung aufkeimen würde. Deshalb wird Religion – wie Lütz es andeutet – immer als Volksbewegung von der Basis her kommen[84].

Die Entstehungsmuster derselben könnten aber dem des Internets durchaus ähnlich sein. Zuerst bilden sich singuläre, voneinander unabhängige Zellen heraus. Auf Basis der gleichen mystischen Erfahrung wie in unserer Sippe entwickeln sich lokal begrenzte Glaubenssysteme.

Vielleicht sind Religionen evolutionäre Blüten, fraktale selbstähnliche Gebilde, deren Struktur sich in Wechselwirkung mit der örtlichen Fauna ideologisch weitgehend unlimitiert gestalten konnte.

---

84 Vgl. Lütz 2007, S. 27.

In dem Beitrag „Die Evolution der Kettenbriefe" von Charles Bennett wurden Verwandtschaftsrelationen zwischen Kettenbriefen, Hausaufgaben, Sprachen und Genome gefunden. Darin sind die Wirkungen von Mutation und Selektion ablesbar. Wie ein durchschnittliches Gen ist der Kettenbrief etwa 2000 Zeichen lang.

Durch die Drohung, die er enthält, bewirkt er die weitere Verbreitung, wobei er wie ein erbliches Merkmal Vorteile für Empfänger und Verteiler verspricht. Durch fortwährendes Kopieren und Abschreiben entstehen Fehlerquellen, die den Inhalt des Kettenbriefes stetig verändern[85].

Nach Ian Barbour hat auch die Religion eine Evolution durchgemacht, in der sie sich von den Wurzeln der menschlichen Frühgeschichte zu den größeren Weltreligionen entwickelt hat[86].

Für mich gilt: Religionen sind wichtige Institutionen einer Gesellschaft, denn sie verkörpern jene akzeptierten Instanzen des sozialen Kollektivs, die sich mit den Fragen des Jenseits auseinandersetzen. Unbestritten sind auch die Vorteile, die ein Leben innerhalb einer Religion bieten kann.

---

85 Vgl. Bennett et al. 2004, S. 78 ff.
86 Vgl. Barbour 2003, S. 364 ff.

Gemeinschaft, Stabilität und Hoffnung, um nur einige zu nennen.

Eines ist jedoch unmöglich: dass alle Glaubenssysteme dieser Welt wahr sind, ebensowenig wie eine Tonart auf einem Instrument wahrer als die andere ist. Spitzer sieht dies ebenso:

> *„Wenn die meisten Religionen meinen, die ihre sei die richtige, dann müssen die meisten Religionen falsch liegen.“* [87]

Dies ist jedoch noch lange kein Grund, sich nicht einer Fahrgemeinschaft anzuschließen, welche die gebührenden Erfordernisse vorsichtigen Waltens erfüllt. Ich habe nichts dagegen, wenn Religionen als Beifahrer die Funktion des Beobachters und des Beraters erfüllen. Aber ich möchte nicht, dass das ausufernde Verlangen dieser Institution unwidersprochen Einfluss nimmt.

Vor dem Hintergrund unseres Beispiels mit dem Beifahrer in Korsika sind Religionen legitime, sich entwickelte Institutionen, die von der Gesellschaft freigestellt wurden, um sich mit dem Unfassbaren zu befassen und sich mit den Fragen des „woher wir kommen“ und dem „wohin wir gehen“ auseinanderzusetzen.

---

87 Spitzer 2006.

Sie haben die wichtige Aufgabe, im Dienste der Gesellschaft, nicht unter Ausnutzung derselben dort Überlegungen anzustellen, wo derjenige, der die Gefahren des Straßenverkehrs im Auge behalten muss, entlastet werden kann.

Wir brauchen beide Hände frei, um uns auf die Anforderungen des Überlebens konzentrieren zu können. Wir müssen das Thema des Todes loslassen — es outsourcen — können, es ist geradezu ein intrinsisches Bedürfnis, jemanden dafür zu beauftragen, der den Job erledigt. Diese Institution hat sich jedoch verselbständigt.

Es kann schon sein, dass ab einem gewissen Punkt eine klare Position wichtiger ist als eine nichtssagende, dennoch sollten Aussagen über das, was sich hinter dem Überblickbaren verbirgt, den Rang einer Arbeitshypothese nicht überschreiten. Der Glaube gleicht einem Überbrückungsdarlehen, womit einstweilen ein Gebäude errichtet werden kann, in dem man sich mit Gleichgesinnten trifft und idealerweise daran arbeitet, die auch ohne Religion schon konfliktär belasteten gemeinsamen Wege befahrbarer zu machen.

Sobald jedoch neue Erkenntnisse oder dringende Verdachtsmomente vorliegen, haben sich die Einstellungen nicht erst in fahrlässiger Weise

Jahrhunderte später, sondern baldigst zu ändern. Daran kann erkannt werden, ob eine Institution noch im Dienst der Menschen oder die Menschen im Dienst der Institution stehen, die Institution sich also verselbständigt hat.

Bei aller Kritik und gebotener Skepsis ist mein Buch dennoch ein Plädoyer **für** die Religion. Mein Gebet ist das Gebet eines Hoffenden, der sich das letzte irrationale Element jedoch freihalten möchte. Ich werde mir vom Beifahrer Richard Dawkins die Hoffnung nicht nehmen und vom Beifahrer Manfred Lütz den Glauben nicht einreden lassen.

Im Sinne einer unüberblickbaren Verkehrssituation mit ungenügender Informationslage neige ich eher zu einem technisch bedingten Agnostizismus mit vorsichtigem Hang zum Theismus.

Ich persönlich kann es unterstützen, wenn gläubige Menschen eine Religion ihrer Wahl bevorzugen, aber hellhörig werden, sobald ihre religiösen Führer Manöver empfehlen, die weit in „rote Bereiche" hineinragen. Es ist wichtig, weiter an Argumenten zu feilen, die den liberalen Flügel einer Glaubensgemeinschaft dabei unterstützt, den liberalen Teil weiter durchzusetzen.

Ich möchte also Freundschaft schließen mit einem möglicherweise fehlerhaften, auch unvollkommenen Gott, nicht aber einen Gott mit Absolutheitsanspruch, der es nicht erlaubt, seine Position zu hinterfragen. Ich gebe zu, ich wünsche mir einen Gott, der sagt:

> *„Du darfst mit allem rechnen, nur nicht damit, dass ich es zulassen würde, dass jemand wegen sinnlosen Gesetzen das Leben lassen muss. Ich bin allmächtiger als ihr, weil ich das Leben geschaffen habe, aber nicht allmächtig.“*

Ich wünsche mir einen Gott, der nicht *nur* die scharfen Konturen einer Religionsausübung anerkennt, sondern einen Gott, dem die Ähnlichkeiten zwischen den Religionen wichtiger sind als die Unterschiede. Ich verneige mich aufblickend im Staunen und mutiger Ehrfurcht und nicht so, wie man sich vor einem Gewitter versteckt oder einer strafenden Hand ausweicht. Ich hoffe nicht auf den – wie es Dawkins ausdrückt – im alten Testament beschriebenen rachsüchtigen, völkermordenden, nachtragenden und kleinlichen Überwachungsfanatiker, sondern auf ein Wesen, mit dem ich ein freundschaftliches Gespräch führen *kann* und kein disharmonisches Gespräch führen *muss*.

Ob es nun einen Gott gibt oder nicht, Theisten sowie Atheisten stehen vor derselben Ausgangssituation. Die Theisten, weil sie daran glauben, dass es Gott gibt, dieser aber gegenwärtig so tut, als ob es ihn nicht gäbe. Weshalb er nicht wirklich da ist, wenn man ihn braucht. Ergo liegt es an ihnen selbst, aus dem Planeten einen möglichst lebenswerten Ort zu machen. Die Atheisten, weil sie daran glauben, dass es keinen Gott gibt und dies der Grund dafür ist, dass es an ihnen selbst liegt, diese Kräfte zu bündeln.

Ob es nun einen Gott gibt oder nicht, ich schließe mich der Rede des Agnostikers Charlie Chaplin in seinem Film „Der große Diktator" an. Chaplin wurde zwar mehrfach dem atheistischen Lager zugeordnet, er selbst sagt jedoch:

> *„I'm not an atheist,"... 'I'm definitely an agnostic. Some scientists say that if the world were to stop revolving we'd all disintegrate. But the world keeps on going. Something must be holding us all in place – some Supreme Force. But what it is I couldn't tell you."* [88]

In dieser Rede als der Führer von Tomania spricht Chaplin nicht als Schauspieler. Man kann förmlich seine eigene Betroffenheit spüren, wie

---

88 Chaplin 1960, S. 240.

er aus der Rolle als „Hynkel" heraustritt, die Rolle dazu benützt, einen flehentlichen Appell gleich einem Gebet an die Menschheit zu richten.

Darin fordert er die Menschheit auf, ihren Geist im Sinne der Freiheit und der Demokratie, aber nicht im Sinne eines bösen Handelns zu verschmelzen, und zu einer Kraft zu werden, deren Energie die Welt bewegt. In diesem Buch soll diese Rede auszugsweise zu neuer Geltung und Aktualität gelangen. Chaplin beginnt mit einem für ihn typischen Understatement:

„Es tut mir leid, aber ich möchte nun mal kein Herrscher der Welt sein, denn das liegt mir nicht. Ich möchte weder herrschen noch irgendwen erobern, sondern jedem Menschen helfen, wo immer ich kann, den Juden, den Heiden, den Farbigen und den Weißen. Jeder Mensch sollte dem andern helfen, nur so verbessern wir die Welt. Wir sollten am Glück des anderen teilhaben und nicht einander verabscheuen. Hass und Verachtung bringen uns niemals näher. Auf dieser Welt ist Platz genug für jeden und Mutter Erde ist reich genug, um jeden von uns satt zu machen. Das Leben kann ja so erfreulich und wunderbar sein, wir müssen es nur wieder zu leben lernen. Die Habgier hat das Gute im Menschen verschüttet und Missgunst hat die Seelen vergiftet und uns im Paradeschritt zu Verderb und Blutschuld geführt. Wir haben die Geschwindigkeit entwickelt, aber innerlich sind wir stehengeblieben. Wir lassen Maschinen für uns arbeiten und sie denken auch für uns. Die Klugheit hat uns hochmütig werden lassen und unser Wissen kalt und hart. Wir sprechen zuviel und fühlen

zuwenig. Aber zuerst kommt die Menschlichkeit und dann erst die Maschinen. Vor Klugheit und Wissen kommt Toleranz und Güte. Ohne Menschlichkeit und Nächstenliebe ist unser Dasein nicht lebenswert. Aeroplane und Radio haben uns einander nähergebracht. Diese Erfindungen haben eine Brücke geschlagen von Mensch zu Mensch. Sie erfordern eine allumfassende Brüderlichkeit, damit wir alle eins werden. ... Im siebzehnten Kapitel des Evangelisten Lukas steht: ,Gott wohnt in jedem Menschen', also nicht nur in einem oder in einer Gruppe von Menschen. Vergesst nie, Gott lebt in euch allen und ihr als Volk habt allein die Macht. Die Macht, Kanonen zu fabrizieren, aber auch die Macht, Glück zu spenden. Ihr als Volk habt es in der Hand, dieses Leben einmalig kostbar zu machen, es mit wunderbarem Freiheitsgeist zu durchdringen. Daher im Namen der Demokratie: lasst uns diese Macht nutzen. Lasst uns zusammenstehen, lasst uns kämpfen für eine neue Welt, für eine anständige Welt. Die jedermann gleiche Chancen gibt, die der Jugend eine Zukunft und den Alten Sicherheit gewährt. ... Lasst uns kämpfen für die Freiheit in der Welt, das ist ein Ziel, für das es sich zu kämpfen lohnt. Nieder mit der Unterdrückung, dem Hass und der Intoleranz. Lasst uns kämpfen für eine Welt der Sauberkeit, in der die Vernunft siegt, in der Fortschritt und Wissenschaft uns allen zum Segen gereichen. ..." [89]

---

89 Diese Rede findet sich beispielsweise auf Portalen wie
http://www.youtube.com.

Anhang

Das Kapitel „Emergenz" befasste sich mit der beschränkten Aufnahmekapazität unseres Gehirns. Eine Strategie zur Bewältigung der Reizüberflutung ist die von Ernst Pöppel beschriebene Gliederung der Gegenwart in Drei-Sekunden-Einheiten. Alle drei Sekunden fragt das Gehirn, was es Neues gibt auf der Welt. Ein sehr interessantes und noch dazu musikalisches Beispiel für dieses Phänomen möchte ich dem Leser nicht vorenthalten.

Ausgangspunkt ist das Wort „KIBA". Auf den Getränkekarten einiger Gaststätten wird ein Gemisch aus Kirsch- und Bananensaft KiBa, bei anderen Getränkekarten wird es BaKi genannt.

Eine konstante Buchstabenfolge ergibt nun „KIBAKIBAKIBAKIBAKIBA ...". Werden diese Buchstabenfolgen durchgehend gesprochen, ergibt sich ein Wechsel zwischen den Wörtern KiBa und BaKi[90]. Wenn wir das Wort nun – in Anlehnung an einen gleichnamigen Ansatz aus den Arbeitsblättern von Werner Stangl[91] – in KUBA umbenennen, erfahren wir, wie sich ein Percussion-Rhyth-

---

90 Vgl. Fröhlich 1999, S. 33.
91 http://arbeitsblaetter.stangl-taller.at/Gehirn/GehirnZeit.shtml.

mus lediglich durch das Variieren einer Betonung wie ein differenter Rhythmus anhört.

Dazu machen wir einen kleinen Percussion-Workshop, in dem jeder einen kleinen musikalischen Höhepunkt erleben kann:

- Wir trommeln das Wort kUbA mit beiden Zeigefingern auf den Tisch
- Bei „kU" trommeln wir mit dem rechten Zeigefinger
- Bei „bA" trommeln wir mit dem linken Zeigefinger

Es ergibt sich ein gleichförmiger Rhythmus:

„kU-bA-kU-bA-kU-bA-kU-bA-kU-bA-kU-bA-..."

Nun variieren wir die Betonung:

- Bei „k**U**" wird der rechte Zeigefinger betont
- Bei „b**A**" wird der linke Zeigefinger betont

„k**U**bakUbakUb**A**kubAkubAk**U**bakUbakUb**A**ku.."

Obwohl es sich um ein und denselben Rhythmus handelt, klingt er allein durch die Betonung ineinander verschoben, wobei ein Durchlauf mit drei „U" und drei „A" bei durchschnittlicher Aussprachegeschwindigkeit des Wortes „Kuba" etwa einen Drei-Sekunden-Takt ausmachen.

Walter Birklbauer

ZEITFUSION

Gehirn im Glück?

„Walter Birklbauers Erstlingswerk bietet
Lesevergnügen mit fundiertem wissenschaftlichen Hintergrund. Dennoch ist sein
Text leicht verständlich und – sehr amüsant
– mit vielen Beispielen aus dem Alltag garniert. Eine wirklich empfehlenswerte Lek-
türe für alle, die an der Verbindung Gehirn,
Glück und Zeit interessiert sind!"

Dr. Gertraud Deim
Bürgermeisterin, Gemeindeärztin

ISBN: 978-3-8370-0155-6

www.zeitfusion.eu

Literaturverzeichnis

Ahadji, A.Y.V. (2000): Natur-religion bei Goethe und den Afrikanern (Le panthéisme chez Goethe et chez les Africains), In : Patrimoines N° 9, Lomé 2000, pp. 43-56. Internet: http://www.histoire-afrique.org/IMG/pdf/ Naturreligion_bei_Goethe_ und_den_Afrikanern.pdf.

Aquin, T., von, (1934): Summa Theologica. 2. Band. Leipzig.

Barbour, G. (2003): Wissenschaft und Glaube: Historische und zeitgenössische Aspekte. Vandenhoeck & Ruprecht. Göttingen.

Bauke-Ruegg, J. (1998): Die Allmacht Gottes. Walter de Gruyter. Berlin.

Bennett, C.; Li, M.; Ma, B. (2004): Die Evolution der Kettenbriefe. Jan. Spektrum der Wissenschaft.

Birklbauer, W. (2007): Zeitfusion. Gehirn im Glück? BoD. Linz.

Blume, M. (2005): Neurotheologie zwischen Religionskritik und -affirmation. Chancen und Grenzen aus religionswissenschaftlicher Perspektive. Dissertation. Tübingen.

Cassirer, E. (2005): Descartes. Lehre - Persönlichkeit - Wirkung. Meiner Verlag.

Chaplin C. Jr. (1960): My Father, Charlie Chaplin. Random House. New York.

Charpak, G.; Broch, H. (2003): Was macht der Fakir auf dem Nagelbrett? Erklärungen für unerklärliche Phänomene. München. Piper Verlag.

Damasio, A. R., Grabowski, T. J., Bechara, A., Damasio, H., Ponto, L. B., Parvizi, J., Hichwa, R. D. (2000): Subcortical and cortical brain activity during the feeling of self-generated emotions. Nature Neuroscience 3. 1049 - 1056.

Dawkins, R. (2007): Der Gotteswahn. Ullstein.

Dörpinghaus, A. (1997): Mundus Pessimus: Untersuchungen zum philosophischen Pessimismus Arthur Schopenhauers. Verlag Königshausen & Neumann.

Fahrenberg, J. (2007): Menschenbilder. Psychologische, biologische, interkulturelle und religiöse Ansichten. Internet: http://psydok. sulb.uni-saarland.de/voll-texte/2007/981/pdf/ e_Buch_MENSCHEN-BILDER_J._Fahrenberg_ 2007_100807.pdf.

Fehr, E. (2005): Mit Neuroökonomik das menschliche Wesen ergründen. NZZ No. 146, 25./26. Juni 2005.

Foerster, H., von; Pörksen, B. (1998): Wahrheit ist die Erfindung eines Lügners. Wahrheit ist die Erfindung eines Lügners. Carl-Auer-Systeme Verlag, München.

Fröhlich, M. (1999): Ein wissensbasiertes Rahmensystem zur merkmalsbasierten Gestenerkennung für multimediale Anwendungen. PhD

Literatur

thesis, Technische Fakultät, Universität Bielefeld.

Gottwald C.: (2006): Körperpsychotherapeutische Perspektiven zur Neurobiologie. In: Marlock G, Weiss H (Hrsg.): Handbuch der Körperpsychotherapie. Stuttgart: Schattauer. Internetversion: http://www.eidos.at/inhalt/artikel/neurobio.htm.

Haken, H.; Stadler, M. (1990): Synergetics of Cognition. Springer, Berlin.

Hermanni, F.P.; Koslowski, P. (2004): Der freie und der unfreie Wille: Philosophische und theologische Perspektiven. Fink.

Höfler, O.; Birkhan, H. (1992): Kleine Schriften. Buske. Hamburg.

Kant, I. (1800/1983): Schriften zur Metaphysik und Logik. Aufl. 5. Darmstadt: Wissenschaftliche Buchgesellschaft.

Klein, S. (2002): Die Glücks-Formel. Oder Wie die guten Gefühle entstehen. Rowohlt Verlag. Hamburg.

Klein, S. (2004): Alles Zufall. Reinbek: Rowohlt Verlag.

Krause, G.; Müller, G.; Balz R. (1979): Theologische Realenzyklopädie. Walter de Gruyter. Berlin.

Kreiner, A. (1997): Gott im Leid – Zur Stichhaltigkeit der Theodizee-Argumente. Freiburg. Herder.

Leibniz G.W. (1968): Die Theodizee. Hamburg.

Lütz, M. (2007): Gott. Eine kleine Geschichte des Größten. Pattloch.

Mainzer, K. (2005): Was sind komplexe Systeme? Komplexitätsforschung als integrative Wissenschaft. (unveröffentlichtes Manuskript). Augsburg.

Metzner, M. S. (2002): Zeit und Ambiguität. Zeitpsychologische Grundlagen und Studien mit mehrdeutigem Material. Dissertation. München.

Miller, D. T.; Ratner, R. K. (1998): The disparity between the actual and assumed power of self-interest. Journal of Personality and Social Psychology. 74. 53 - 62.

Miller, G. A. (1956): The magical number seven, plus or minus two: Some limits on our capacity for processing information, The Psychological Review, 63(2), pp. 81-97.

Pfahl-Traughber, A. (2006): Christliche oder universelle Werte? Kritische Anmerkungen anlässlich des „Bündnisses für Erziehung". Internet: http://www.fowid.de/fileadmin/textarchiv/Christliche_oder_universelle_Werte__Armin_Pfahl-Traughber___TA-2006-11.pdf.

Pöppel, E. (1987): Die Rekonstruktion der Zeit. in: Das Phänomen Zeit in Kunst und Wissenschaft. herausgegeben von Paflik H., Weinheim 1987, S. 31-32.

Literatur

Rosenberg W. E. (1992): Stress erfolgreich bewältigen. Das richtige Verhalten bei Stress-Belastung. Köln. Dreisam-Verlag.

Schwab, F. (2004): Evolution und Emotion. Evolutionäre Perspektiven in der Emotionsforschung und der angewandten Psychologie. Stuttgart: Kohlhammer-Verlag.

Sears, D. O.; Funk, C. L. (1991): The Role of Self-Interest in Social an Political Attitudes. In: Advances in experimental Psychology. Vol. 24, S. 1 - 91.

Siebert, H. (2003): Das Anregungspotenzial der Neurowissenschaften, in: Literatur- und Forschungsreport Weiterbildung 3. S. 9 – 13.

Sigmund K.; Fehr E.; Nowak M. A. (2002): Teilen und Helfen – Ursprünge sozialen Verhaltens, in: Spektrum der Wissenschaft, März 2002, S. 52-59.

Spaemann, R. (2005): Der Gottesbeweis. Warum wir, wenn es Gott nicht gibt, überhaupt nichts denken können. Die Welt. 26.3.2005.´

Spitzer M. (2005): Geist und Gehirn. TR-Verlag, München. Volume 1.

Spitzer, M. (2006): Neurotheologie? Geist & Gehirn. Nervenheilkunde. 25: 761–5.

Spitzer, M. (2007): Moral und Mord im Namen Gottes?

Zusammenhänge, deren Abwesenheit und Aufklärung. Internet: http://www.fowid.de/fileadmin/textarchiv/Moral_und_Religiosit_t__Manfred_Spitzer___TA-2007-9.pdf.

Strack, M. (2004): Sozialperspektivität: Theoretische Bezüge, Forschungsmethodik und wirtschaftspsychologische Praktikabilität. Göttingen: Universitätsverlag.

Streminger, G. (1992): Gottes Güte und die Übel der Welt: Das Theodizeeproblem. Mohr Siebeck. Tübingen.

Swinburne, R. (2004): The Existence of God. Oxford University Press.

Watzlawick P.; Krieg P. (1991): Das Auge des Betrachters. Beiträge zum Konstruktivismus, Piper Verlag, München.

Watzlawick, P. (1993) Wie wirklich ist die Wirklichkeit? Wahn, Täuschung, Verstehen. 21. Aufl. München: Piper.

Wuketits, F. M. (1997): Soziobiologie. Die Macht der Gene und die Evolution sozialen Verhaltens. Heidelberg 1997. S. 172-184.

Zirkler, M. (2001): Wissen, Lernen, Wirklichkeit. Systemisch-konstruktivistische Theorien und ihre Bedeutung für Lehre, Lernen und Beratung. Dissertation.